讓大寶愛上二寶

劉忠純 楊燦 主編

前言

　　手足關係是人生中重要的關係之一，手足情是生命中長久的愛。很多家庭都會想要多個寶寶，讓家庭多一些歡聲笑語，讓孩子在生活中多一個玩伴，在成長路上多一個互相幫助、互相指導、互相激勵的親人。

　　然而，再生一個孩子並不是添雙筷子那樣簡單的事，其中有一些問題是不容忽視的，尤其是大寶的心理問題。雖然在很多父母看來，有兄弟姐妹可以讓孩子小時候有個伴兒，將來也能互相照應，但這畢竟只是父母一廂情願的想法。對於大寶而言，多一個弟弟或妹妹，可能意味着多一個人來分享爸爸媽媽的時間和關愛，他可能會排斥二寶的到來。就算之前大寶表示了同意，到二寶出生後，他們依然可能會「反口」，甚至出現各種行為和心理方面的問題，這些都是正常的現象。

　　所以，作為父母，如果打算生二寶，就一定要注意做好大寶的心理輔導工作。這本書是站在大寶的角度，從一個家庭開始準備要弟妹，到孕中，再到弟妹出生後隨之而來的一系列需要面對的問題，為爸爸媽媽呈現了大寶在每個階段的心理變化，告訴父母應該如何及時發現大寶的心理變化，並採取相應的應對措施，避免傷害到可愛的大寶；如何培養兩個孩子親密的手足情，化解兩個孩子之間的「戰爭」，讓他們可以和睦相處，相親相愛！

　　願天下所有想要養育好兩個孩子的年輕父母，能從本書中獲得啟發，汲取到愛的能量！讓大寶和爸爸媽媽一起期待二寶的到來，一起呵護二寶成長，一起度過快樂的童年！

目錄

Part 1 引導大寶快樂地接受二寶

三、讓大寶參與孕育二寶的點滴

四、讓大寶逐漸適應有二寶的生活

Part 3 家有兩寶，相親相愛才更好

一、正確看待兩個孩子的關係

二、培養手足感情有妙招

三、「戰爭」來了，理性化解

四、做體貼爸媽，兩寶更幸福

Part 1
引導大寶快樂地接受二寶

　　「想生二寶，家中大寶同意嗎？」、「家有大寶『攔路虎』，爸媽又該怎麼辦？」幾乎每一個想要第二胎的家庭都會面臨這樣的問題。其實，在接受弟弟或妹妹這件事上，大寶的態度是可以通過引導而轉變的。在生二寶前和大寶商量，進行正確引導；懷孕後讓大寶參與孕育二寶的過程，增強大寶的安全感；二寶出生後父母要多陪伴大寶，讓他依然感受到父母滿滿的愛，大寶自然能順利地接納二寶。

一、生二寶前，先聽聽大寶的心聲

準備生二寶，大寶的心理是不能忽視的。如果能在生二寶之前就做好大寶的心理工作，安撫好他的情緒，大寶將更容易接納二寶的到來。和大寶討論，耐心傾聽他的意見，並正確應對其回應，是做好引導工作的第一步。

❶ 要不要弟弟或妹妹，大寶有話說

生二寶這件事，建議爸爸媽媽先跟大寶溝通一下，瞭解孩子的內心想法。爸爸媽媽可以在恰當的時機先試探孩子的態度。比如，在看電視、電影或圖畫書中有兄弟姐妹相處的畫面時，可以試探性地問一下大寶是否想要一個弟弟或妹妹。通常，孩子會作出以下類似的回答：

- 我不要小弟弟，也不要小妹妹。我們班有同學有個小弟弟，一點都不好，總是吵架，我不要；而且小妹妹可愛哭了，我也不喜歡。

- 都不要。我不想弟弟妹妹跟我搶媽媽，而且爺爺、嫲嫲，還有爸爸也不會這麼愛我了。

- 要弟弟或妹妹，媽媽是不是要住醫院啊？（是的。）那我就看不到媽媽了，而且媽媽還會疼，我才不要呢！

- 我想要個漂亮的妹妹，這樣我就可以把自己的花裙子給她穿了。

- 小弟弟真可愛，我也想要個弟弟，那樣我就可以帶他一起玩了。

- 我不管，隨便你們吧。

- 那我可以要哥哥或姐姐嗎？要是我有哥哥或姐姐，就不怕有人欺負我了。

……

不管大寶的回答是怎樣，也不管他的意見是否成熟，父母都要將大寶作為大孩子對待，要顯得非常重視。

2 孩子贊同，大人就可以放心？

當爸爸媽媽諮詢了大寶的意見，他同意了要弟弟妹妹，也不能完全放心，應隨時做好給孩子的承諾，他可能有反悔的心理準備。而且，大寶此時的同意也不能意味着二寶出生後他能真心接納弟弟或妹妹，兩個孩子能愉快相處。

很多想要第二胎的家庭，大寶大多處於 2～6 歲的年齡階段，對於他們來説，思維仍是直覺、非邏輯，他們通常只會根據自己的需要和感情去判斷和理解事物、情境以及與人的關係，而不能採納別人的觀點，或站在別人的角度去看問題，同樣不能按事物本身的規律和特點去看問題。

所以，即使是他們表面同意或暫時同意了要弟弟或妹妹，也只是按他自己對這件事的理解，並非一定是父母所期待和以為的「接受」。爸爸媽媽千萬不要因為之前已經為孩子做過心理建設，付出了努力，就對孩子有較高的期望。事實上，當二寶出生後，大寶依然可能會出現一些情緒和行為上的異常，而且，這種情況非常常見。

不過，這也並不是説之前做過的心理建設是沒有意義，只是因為這個時期的孩子，其認知能力的發展還不夠對未知的事情做設身處地的理解與評估，他們可能並沒有完全弄清楚二寶的到來，對自己真正意味着甚麼。

即使是大寶已超過 6 歲，看起來成熟懂事許多，他表示同意的承諾也可能發生變化，當二寶出生後他依然可能表現出極大的不適應。這種情況，父母需要着重考慮孩子的性格問題。如果大寶的性格較為獨立，善於獨立發現問題並解決問題，通常不會有太大問題。但如果孩子比較敏感、情感細膩，容易受外界因素的干擾，又不善於表達，就很可能會出現臨時「變卦」了。

無論是哪種情況，父母需要做的，就是在二寶到來的過程中對大寶的各種變化多一些關注與理解，既要告訴大寶有二寶的美好，也要告訴他多了一個寶寶後，他可能會面臨的問題，讓大寶有一定的心理準備，再慢慢引導他接受二寶。

3 孩子表示無所謂，是真的無所謂嗎？

　　有一些孩子，在父母與其商量要不要二寶後，他們常常會表現出一種無所謂的態度，認為爸爸媽媽自己作主就好。孩子無所謂可以，但父母不能真的認為無所謂。孩子畢竟只是孩子，即使表面同意也不代表內心就真正接納，同樣，就算現在無所謂，過一段時間之後，感受到媽媽的身體變化，以及整個家庭的變化時，可能就會「有所謂」了。

　　如果大寶在 2 歲以內，他們尚未形成自己的獨立意識，記憶力也很有限，得知父母要生二寶的消息後，可能並沒有太大感覺，對於父母的商量也可能是無所謂的態度，很容易就接受弟弟或妹妹了。但如果孩子年齡在 2 歲以上，特別是 3～6 歲，那他們的態度父母就一定要慎重考慮並仔細斟酌了。畢竟，父母想要第二胎，並不僅僅是多一個孩子這麼簡單，讓大寶有個伴，兄弟姐妹能和睦相處、相親相愛，家庭氛圍溫馨和睦，這才是終極目的。

二寶是甚麼？
都好吃嗎？

　　當然，如果孩子平時的性格比較穩重、獨立性強，他們的無所謂可能就是真的無所謂，有弟弟妹妹可以，沒有弟弟妹妹也可以，但父母也應意識到：大寶以後會不會跟二寶關係冷淡？如何才能讓大寶愛上二寶？這些都是需要考慮並解決的問題。

　　更多的可能是，孩子並沒有真正意識到弟弟或妹妹的到來將會給他帶來甚麼影響，以他自己的理解，可能多了一個弟弟妹妹跟家中多了一隻小貓小狗沒有太大

的差別。直至二寶真正出生，他的生活也發生了很大的變化，這時父母可能就要面對大寶的各種心理問題了，而且往往反彈會較為嚴重。為應對這種情況，在媽媽懷孕期間，父母要多跟大寶提及與二寶有關的事情，讓他參與媽媽懷孕的過程，讓他意識到二寶的到來可能會帶來的變化，進而讓他對二寶產生美好的期待和同胞之情。

還有一些孩子可能平時沒有太多主見，習慣聽從爸爸媽媽的意見，所以秉持無所謂的態度，這樣的情況父母更不能忽視。因為孩童時期正是孩子性格塑造的關鍵時刻，父母必須反思自己平時的教育方式是否可行，必要時可諮詢兒童心理學家，以讓孩子身心健康地成長。

4 大寶不同意，父母該怎麼辦？

「第二胎，我倒是想要，可大寶不同意啊！」很多時候，當父母準備要生二寶的時候，在試探大寶是否想要個弟弟或妹妹時，大寶表示「不要」、「不好」，會讓一些父母很頭痛，不知所措，甚至打消要二寶的念頭。

其實，大寶的反對也可以理解。二寶的出現，意味着大寶原本「一統天下」的地位變了，至少有一段時間父母甚至全家人的注意力會轉移到二寶身上，容易忽略大寶，而且大寶的玩具等可能還要與二寶分享。這些改變在小孩子的眼中，只有壞處，沒有好處。父母需要看到的是大寶「反對」背後的心理需求，明白了這些，才能在大寶不同意有弟弟或妹妹時給予針對性指導。

🍀 6 歲之前的大寶

如果是 6 歲以前的孩子不同意要弟弟妹妹，是因為他們有「自我中心」的心理特徵。這時期的兒童僅依靠自身的視角來感知世界，不能意識到他人的視角和看法。這種「自我中心」不同於成人的利己主義，而且通常到學齡期才會開始慢慢擺脫這種心理。所以，如果這時候的孩子「不要」弟弟或妹妹，父母千萬不要因為孩子看似「自私」的行為而責怪孩子，而應結合這一年齡階段大寶的心理特徵循

循善誘，正向引導，做好大寶的思想工作。比如，可以用生動有趣的繪本故事讓大寶感受到有二寶其實是件很幸福的事，告訴大寶以後可以和二寶一起玩耍。當然，也要注意不能一味誇大有兄弟姐妹的美好。重要的是讓大寶感受到就算二寶來了，自己在家中的地位也不會動搖，爸爸媽媽對他的愛也不會減少。

而且，絕大多數孩子往往意志並不堅定，可能這會兒不同意父母要二胎，過一段時間看到自己的同學有二寶，回家後可以跟二寶一起玩，就又同意了。爸爸媽媽可以抓住機會適時引導大寶。就算孩子開始不接受，通過父母正確有效的引導和有針對性的心理疏導，大寶的態度大多是可以轉變的。如果大寶堅決不鬆口，父母也應反思一下自己，是不是平時對大寶的愛有所欠缺，讓大寶完全沒有信心接納另一個同胞來分享父母的愛。如何讓這一年齡階段的大寶順利接受二寶，並愛上二寶，也正是本書探討的主要內容。

❤ 大寶超過 6 歲時

對於 6 ～ 12 歲的大寶，他們如果不同意有二寶，父母不妨多從他的成長和能力上來落功夫，讓他體驗到自己的價值，喚起他作為哥哥姐姐的自豪感、責任感和幸福感，比如讓大寶當二寶的「小老師」，教二寶一些他們不會的知識。

如果大寶的年齡在 12 ～ 15 歲，父母更要做好溝通。這個時期的大寶開始進入青春期，容易出現反叛心理。對於要不要二胎的問題，他已經有了自己的意見，也不需要「小跟班」跟著他了。不過，這時的大哥家姐還沒有完全長大，對父母的態度是既渴望獨立又依賴父母。所以，父母在與大寶溝通時，要注意將大孩子青春期的獨立性和作為哥哥姐姐的價值與擔當聯繫起來，在尊重的前提下，像朋友一樣悉心引導。切不可認為孩子大了，該懂事了，就忽視了必要的心理建設。

當然，父母也需要意識到這是一個漫長的過程，並非一朝一夕就能夠解決，父母需要做的就是理解孩子的行為和原因，採用正確的方法，積極引導，使孩子打開心結，放下顧慮，更自信、更陽光地成長。

二、尊重＋引導，增強大寶的安全感

　　無論孩子年齡有多大，父母首先要學會尊重孩子，理解孩子的心理和行為，分析背後的原因，並採取正確的引導措施，讓大寶真正體會到爸爸媽媽的愛並不會因為二寶的到來而減少，增強大寶的安全感，減輕焦慮與不安，進而讓大寶更容易接受二寶。

1　把大寶當作「小大人」，尊重他的意見

　　大寶也是家中的一分子，關於二寶的一切，大寶都應該有參與權，父母都應該與他商量，並認真聽取他的意見，對他的意見要顯得非常重視。

　　以決定是否要二胎為例。試想一下，如果爸爸媽媽經常湊在一起小聲交談，有意避開大寶，他一定會產生不安，甚至可能猜測大人的談話內容對他不利，所以才會避開他，這樣會傷害到孩子的心理。但如果被父母徵詢，還煞有介事地參與討論，會讓大寶覺得自己的地位很重要，因而更看重自己，也更相信父母。

　　爸爸媽媽的態度會讓大寶覺得家中沒有隱藏的秘密，可以安心，也會讓大寶有時間做足夠的心理準備，學習接納二寶的來臨，父母也會輕鬆許多。大寶從小參與討論做決定，有助於養成民主的精神，學會如何觀察、如何參與、如何討論、如何做決定，這個學習的過程是非常難得的。

2　愛要大聲說給孩子聽

　　也許你會說：「雖然我們有了二寶，但是對大寶的愛並沒有減少。」是的，每一位父母都會深深愛着自己的孩子，但我們的愛大寶真的感受到了嗎？孩子的想法是單純而簡單的，他們更容易感受到自己可以看到的愛，所以，我們愛大寶，就一定要讓他們知道，而不是在內心默默地愛。

　　其實，這是一件非常簡單的事，

但在現實生活中卻往往被很多父母忽略了。對於年齡尚小的大寶來說，他們還沒有足夠強的分析能力，很少能從父母隱晦的行為中感受到愛，父母做得再多也不如對孩子說一句「我愛你」來得直接有效。尤其是有了二寶之後，更要對大寶反覆強調多了一個孩子是多了一份愛，而不是搶走一份愛，大寶和二寶都是爸爸媽媽獨一無二的小寶貝。

有一位媽媽，她非常聰明，自從懷上二寶之後，每天和大孩子的溝通並沒有減少，甚至比以前更多了。不管平時有多忙，每天都會特意抽出時間跟他聊天、玩遊戲，她把這個時間定義為「媽媽和哥哥的專屬時間」，連爸爸也不能參與。這位媽媽還告訴孩子：「不管媽媽有幾多個孩子，你永遠是媽媽愛的哥哥。」、「可能小寶寶出生後，媽媽會變得比以前忙一些，但是媽媽不會因為有了二寶就不愛你了。」

在這樣的教育下，大哥健康地成長着，也期待着二寶的出生。當二寶真正降臨時，大哥仍然覺得自己很幸福，他和爸爸媽媽一樣愛着二寶，甚至幫手一起照顧二寶。因為他知道，爸爸媽媽會永遠愛自己，自己和二寶都是爸爸媽媽的小寶貝！

當然，愛也不僅僅是語言，還要和行動配合。平時父母應多在生活和學習上關心和照顧大寶，讓他們感受到父母對他的愛並不是口頭上說說而已，而是真的愛自己。當爸爸媽媽的愛傳達給大寶，他們才會健康快樂地成長，才會更加理解父母，樂意和父母合作，將來與二寶之間也能形成更加親密的手足關係。

③　給大寶更多高質素的陪伴

為了讓大寶感受到父母的愛，增強其安全感，父母要給他們更多的陪伴。通過陪伴，讓他們從內心深處意識到，爸爸媽媽的愛是不會變的。

不過，從實際情況上來講，父母的精力是有限的，特別是對於媽媽來說，因為肚子裏有寶寶的原因，能夠好好陪伴大寶的時間確實會減少。在二寶出生後，因為要照顧小寶寶，媽媽給大寶的愛和時間只會更少。事實上，因為愛而帶來的快樂和滿足，不僅和時間有關，還和質素有關。生活中我們經常可以看到這樣的例子：有些媽媽整天和孩子待在一起，孩子不一定就會開開心心的，這就是因為媽媽的陪伴質量不高；而爸爸下班回家後和孩子一起只玩了一個小時，孩子卻非常高興，

這是因為爸爸抓住這短短的一個小時,全心全意地陪孩子玩,逗孩子開心。所以,給孩子的愛雖然會因為時間減少了,但依然可以通過陪伴的質素以提高給予大寶同樣的愛和滿足。

要想做到高質素的陪伴,父母就要做到專心、耐心和隨心。

✿ 專心陪孩子

所謂專心,就是父母要全身心地投入陪孩子玩。不要去想其他的任何事情,不要和別人聊天,也不要邊玩手機或電腦邊和孩子玩。也許孩子的遊戲對於成人來說很幼稚,但父母必須拿出平時用 WhatsApp、瀏覽 facebook、看微博、微信、打遊戲機的精神,去真正愛上孩子的遊戲。孩子對父母的態度是非常敏感的,如果你分心,他會迅速發現你的變化。

✿ 耐心陪孩子

有些媽媽在陪孩子玩遊戲時非常「着急」,跟孩子説要這樣做、那樣做。殊不知,這樣「指導」,孩子並不喜歡,甚至會導致他不想玩遊戲,甚至摔玩具。可能有些父母會覺得這是孩子太缺乏耐性了。但試想一下,如果你在認真做某件事情的時候,總有人在旁邊告訴你應該這樣做、那樣做,你會不會也覺得很不耐煩?父母的指導不僅容易讓孩子失去耐心,還會使孩子失去自主學習的機會。

孩子需要的是耐心的、靜靜的陪伴,他需要爸爸媽媽配合的時候會自己提出來。父母需要做的就是靜靜地觀察孩子的每一個動作、每一句説話,享受與孩子相處的樂趣。

玩就是玩，並不需要甚麼大道理，也不需要有太強的目的性，只要孩子喜歡就好，這就是我們所說的「隨心」。如果帶着強烈的目的去玩耍，孩子就會受到很多限制，也就失去了親子遊戲的樂趣，大大降低了陪伴的質量。

做好這「三心」（專心、耐心、隨心），父母的陪伴質素就會大大提高。可能有些父母會不知道陪孩子玩甚麼，這也是個問題。其實，只要平時多觀察孩子，你就會知道他對甚麼感興趣。如果孩子活潑好動，他可能會對踢球、跑步、放風箏這類的遊戲感興趣；如果孩子喜歡手工藝，我們就準備好摺紙、串珠、橡皮膠等；如果孩子愛唱歌，我們就在旁邊聽，適時給他鼓掌……孩子的興趣是廣泛的，他們對很多東西都好奇，父母只要花點時間去尋找，總能找到適合孩子玩的。

4 帶大寶多接觸多子女的家庭

如果鄰居或親戚家有新生的小嬰兒，可以帶大寶去看看剛出生不久的弟弟或妹妹。面對着小小的、可愛的嬰兒，小孩子也會有種由衷的喜愛，忍不住去摸摸他的小手、小腳，產生也想有個弟弟或妹妹，或是想要照顧好弟弟或妹妹的情緒。特別是女孩子，這種喜愛的情緒可能會更加強烈。爸爸媽媽可以從旁引導大寶，告訴他：「看，小妹妹好可愛呀，你小時候也是這麼可愛呢！」大寶一聽，原來自己小時候也是這樣，心理上也會比較容易接受二寶的到來。

爸爸媽媽也可以常帶着大寶到多子女家庭做客，看別人家的孩子都是怎麼相處的。看到別人家兄弟姐妹相親相愛的場景，他們通常也會比較羨慕。爸爸媽媽還可以從旁告訴他們，弟弟妹妹可能小時候會比較難照顧一些，但是長大後就可以做哥哥姐姐的小跟班，跟哥哥姐姐一起上學、一起玩耍等。當然，也要告訴他們，兄弟姐妹間也會有矛盾，有時候可能會因為搶玩具而爭吵，不過這也是感情親密的一種表達形式。

5 選擇有兄弟姐妹相處情節的童書給大寶看

讓大寶意識到二寶即將到來，或是接受二寶，對於年幼的大寶來說可能並不好理解，特別是對 6 歲以內的孩子來說，這跟孩子的認知發展規律有關，形象思維仍然是他們主要的思維方式。有一個很好的方法可以幫助他們有更形象和直觀的認識，那就是講故事。

現在，隨着兒童繪本的普及，圖書館、各大書店和超市及互聯網上都可以找到

很多內容有關兄弟姐妹的故事繪本，這些繪本畫面精美、內容生動，父母和孩子一起看這些繪本，可以在美好的親子共讀時光中，讓大寶瞭解到關於二寶出生的一些事情，可以讓大寶對二寶產生更多期待。孩子在閱讀繪本的過程中容易產生移情現象。移情就是能設身處地地站在別人的角度，理解和欣賞別人的感情。它是一個人形成良好的人際關係，保持心理健康的重要品質。通過閱讀繪本可以引發大寶的情感共鳴，參考別人的意見，引發對二寶的積極情緒。和孩子共讀時，父母還可以一邊和他探討書中的大哥哥大姐姐哪些地方做得好，哪些地方做得不好，引導孩子如何接納自己的兄弟姐妹，意識到自己該如何做，並與他們友好相處。

推薦看「不一樣的卡梅拉」系列之《我想有個弟弟》。書中講述的是小雞卡梅利多想要一個弟弟，結果卻擁有了一個妹妹並喜歡上妹妹的故事。

所有的小雞都有弟弟，只有卡梅利多沒有，所以他非常想要有個弟弟。在朋友的幫助下，他終於有了一個可以孵化的雞蛋。每天卡梅利多都要去看雞蛋裏的小弟弟，和弟弟聊天，還給弟弟準備了禮物。可就在弟弟要出生的那天，雞蛋被饑餓的刺蝟們偷走了，卡梅利多立即追了過去。等他舉着棍子趕到的時候，兩隻刺蝟已經跑了，雞蛋裏的小雞也破殼而出了，而自己期待的弟弟卻變成了妹妹，他有點不高興。在回家的路上，妹妹聰明又勇敢，不僅幫助哥哥從陷阱裏逃了出來，還打敗了小偷刺蝟。卡梅利多從原來的失望，轉變成驚喜，他非常喜歡妹妹。從此，他們形影不離，每天一起快樂地玩遊戲……

故事情節一波三折，非常有趣。書中提到的很多場景，對大寶來說都很有引導作用，比如哥哥對弟弟的期待，每天去看弟弟、和弟弟對話的場景、哥哥對妹妹出生的失望、妹妹救哥哥的場景，兩兄妹一起歷險的經歷……通過圖畫，讓大寶可以直觀地瞭解到有兄弟姐妹其實是件很幸福、快樂的事。另外，這個故事還可以讓大寶瞭解到將來的寶寶是弟弟或妹妹是不可控制的，即使寶寶的性別和自己的預期不一樣，也不要失望，因為兄弟姐妹間的親情不會改變，一樣可以親密無間、形影不離。

比較貼近現實一點的故事，推薦看親子繪本《一點點兒》。故事講述的是小姐姐小南在小寶寶出生後慢慢成長的故事。

小南的媽媽又生了一個小寶寶，由於忙着照顧剛出生的寶寶，根本沒有時間陪她。雖然小南感覺失落，但那也只是一點點兒，慢慢地小南學會了自己倒牛奶、穿衣服、紮辮子……一天晚上，小南有點累了，對媽媽說：「媽媽，抱我一下好嗎？」媽媽問：「只要一下？」、「嗯，只要一下就好了。」小南一邊回答，一邊揉着睡眼。「可是媽媽不想只抱一下呀。媽媽想給你一個大大的擁抱，可以嗎？」媽媽溫柔地笑着問道。於是，小南盡情地聞着媽媽身上熟悉的味道，享受着大大的擁抱。其實，小南想要的，就那麼一點點兒。

在書中，我們可以看到小南的成長過程，小南和媽媽，以及新生寶寶之間那股濃濃的親情，也濃縮在每一個溫暖的畫面中。其實，孩子總在不經意間稚嫩而堅定地成長着，不要忘了給他們一個鼓勵的微笑和大大的擁抱，他們會因為你的鼓勵變得更加美好。繪本非常貼近現實，向我們展現了二胎的家庭生活，畫面溫馨可愛，非常適合大寶和爸爸媽媽一起閱讀。

除了繪本和故事書之外，還可以選擇一些講述兄弟姐妹故事的電影和動畫片，比如宮崎駿的經典動畫片《龍貓》，其中除了感人的親情故事之外，對姐妹之情的描述也非常細膩真實，讓人感動。爸爸媽媽可以根據大寶的性格和年齡特徵，並結合大寶的喜好，選擇適合大寶的故事。

6　遊戲中讓大寶擔當哥哥或姐姐的角色

在和大寶一起玩親子遊戲的時候，爸爸媽媽可以嘗試讓大寶擔當哥哥或姐姐的角色，如假裝遊戲「過家家」，扮演如果有了弟弟或妹妹，大寶的生活和行為方式會是怎樣的。

正式遊戲前，媽媽可以告訴大寶這次玩的遊戲中會有哥哥或姐姐、弟弟或妹妹、媽媽、爸爸；然後詢問大寶想扮演甚麼角色，他想要其他人扮演甚麼角色，儘量引導大寶，讓他有當哥哥或姐姐的經歷，然後爸爸媽媽或其他家人在遊戲中可以表現出二寶出生後家庭的整個變化，並適當引導，告訴大寶他可以怎麼做。

比如，如果大寶扮演哥哥，可以用布娃娃或玩具扮演二寶，展現二寶剛出生不久的生活。遊戲期間，爸爸媽媽可以從旁告訴大寶，弟弟餓了、哭了、便便了等行為，媽媽也要表現出忙着照顧二寶的場景，但偶爾也要抱抱大寶，告訴大寶「二寶出生了，媽媽好忙呀，也許你可以一起幫着給二寶換尿布。」爸爸則一方面要照顧二寶，另一方面也要安撫大寶，帶大寶玩。並且，期間不忘告訴大寶，他出生的時候也是這樣老是哭、要吃奶，然後一天要便便好幾回，爸爸媽媽忙着照顧他的事情。

當然也不只是二寶剛出生不久的場景，還可以扮演一些二寶長大後大寶二寶相處的場景，角色的轉換可以豐富多樣。這樣的遊戲，可以讓大寶對二寶出生後可能要面臨的生活有一個直觀的認識，做好初步的心理準備。遊戲中爸爸媽媽要隨時觀察大寶的情緒，並正確引導大寶的行為，讓大寶既能感覺到爸爸媽媽對他的愛，也能讓大寶對二寶的到來有一種正確的認識。

7　喜訊，第一個告訴大寶

得知再次懷孕的好消息之後，建議媽媽見到大寶的第一時間就抱抱他、親親他，讓他感受到自己喜悅心情的同時，把「媽媽肚子裏有了小弟弟或小妹妹」的消息告訴他。這樣會讓大寶感覺到他在媽媽心裏的地位是很高的，讓他更容易感受到父母的尊重和重視。

試想一下，假如你跟大寶說：「寶寶，媽媽有個秘密告訴你，媽媽肚子裏有個小寶寶了。」並且記得和他說，「寶寶要保密哦，只有你一個人知道，先不要告訴爺爺嫲嫲，這是我們兩個人的小秘密！」

大寶肯定覺得非常驕傲，自己是媽媽心目中重要的那個人，而且是能跟媽媽分享秘密的重要的人，甚至連有了二寶這麼重要的事情都只告訴他一個人。

當然，喜悅之餘，爸爸媽媽也不要忘了把自己得知有了「大寶」時的心情分享給大寶，讓他知道自己的到來帶給父母的喜悅之情並不比弟弟或妹妹少，甚至「有過之而無不及」，誇張一點也無妨。

如果可以，宣佈喜訊的「任務」也交給大寶吧。在帶大寶探視爺爺嫲嫲或外公外婆時，可以讓大寶做主持人，向大家宣佈，自己要當哥哥或姐姐了。想想看，在長輩面前，大寶有機會宣佈這麼重大的喜訊，那是多麼令人激動、多麼威風的畫面！大寶肯定會非常開心。

當然，如果大寶得知喜訊後沒甚麼反應，爸爸媽媽也不必過於擔心，靜觀其變，並多找機會讓他接觸小寶寶；如果大寶擔心，就要慢慢化解他的擔心。懷胎十月是個漫長的過程，爸爸媽媽有很長的時間可以告訴大寶，二寶出生後會怎麼樣，並引導大寶接受二寶。只要有個好的開頭，接下來的事情也會容易許多。

⑧ 懷二寶後媽媽的身體變化要告訴大寶

隨着二寶在媽媽的肚子裏「安寨紮營」，媽媽的行動受限，尤其是很多二胎媽媽都是高齡媽媽，更是對自己的行為與生活起居做了嚴格的要求，不能再像以前一樣隨時抱着大寶親一親，和大寶在公園裏嬉戲玩耍，隨着腹部逐漸隆起，連彎腰幫大寶穿鞋子可能都會成為無法完成的艱巨任務。

這些對於寶媽和寶爸來說可能很快就適應了，但對於大寶則不然，他會覺得媽

媽和自己的接觸越來越少，不能再經常坐在媽媽的腿上，不能和媽媽一起追着放風箏，這樣大寶很容易產生心理壓力和負面的情緒。

對此，爸爸媽媽一定要提前把媽媽懷孕後身體上將會發生的變化告訴大寶，讓他做好心理準備，不要給大寶來個「突然襲擊」，這樣容易讓大寶對爸爸媽媽失去信任。

那麼，需要告訴大寶哪些內容呢？比如，媽媽肚子裏有了小寶寶之後，不能抱一些重的東西，所以不能隨時隨地抱起大寶親親了，不過媽媽可以摟着大寶親親；媽媽的肚子越來越大，還會變胖，大寶可別嫌媽媽醜哦；小寶寶長到四五個月的時候，就會在媽媽的肚子裏動來動去了，大寶要多和弟弟或妹妹聊天，和他玩耍，這樣他出來後會和大寶親，還會聽大寶的話哦⋯⋯任何情況都可以和大寶説，越詳細越好，讓他瞭解整個過程，直到二寶出生。記住，語言一定要輕鬆、有趣。

盡可能地分享正面的消息，但也不能一味迴避不好的情況，比如媽媽可能會出現的一些不舒服的地方，也要跟大寶説明，這是正常的現象，不會有危險，自己懷他的時候也是這樣，讓大寶有心理準備。

懷胎十月，終要分娩。當媽媽離開大寶要去醫院的時候，很少有孩子會不擔心媽媽，甚至產生「媽媽生病了」、「媽媽要死了」之類的恐懼心理。所以，「媽媽要去醫院，把弟弟（妹妹）從肚子裏生出來」這樣的事情也要好好和大寶説，否則大寶沒有一點思想準備的話，看見媽媽生完孩子臥床不起，會一下子接受不了，很可能還會產生「都是因為弟弟或妹妹，媽媽才這麼痛苦」的想法，從而討厭二寶的出生。

⑨ 告訴大寶：「你就是這樣出生的」

一般孩子都會對自己的出生很好奇，告訴大寶孩子是怎麼出生的，降低孩子的焦慮與不安，同時也是很好的生命教育。因為確實有一些孩子，面對媽媽出現的身體變化，尤其在入院分娩前後，由於不知道發生這些意味着甚麼，而顯得格外焦慮緊張，甚至以為媽媽生病了。如果能在此之前就用講故事的方式，告訴大寶這個過程，也就解釋了媽媽的身體為甚麼會變得虛弱，大致説清楚了孩子是怎麼出生的。

如果大寶年齡比較小，可以讀一些關於生命孕育的繪本，讓孩子知道生命的過程，並告訴他，以前媽媽懷他的時候也是一樣的。這樣孩子也容易體會到爸爸媽媽沒有忽視他，沒有偏心，原來自己也是被這樣照顧過來的。媽媽還可以通過講故事的方式給大寶講述他的出生經歷，這樣大寶的體會將會更加深刻，畢竟沒有甚麼比他自己的親身經歷更能讓他興奮的了。這裏以一個實例向大家説明，具體在描述時媽媽可以根據實際情況給大寶講述。

「剛開始的時候呀，你在媽媽肚子裏只有小蝌蚪那麼大，手和腳都還沒有長成。後來你一天天長大了，媽媽的肚子也越來越大。忽然有一天晚上，媽媽感覺肚子有點疼，媽媽知道這是寶寶要出來了，趕緊叫來爸爸，一起去醫院……」

「後來到了醫院，醫生護士說你很乖，媽媽肯定能順利生下來……媽媽使勁用力，寶寶也在媽媽肚子裏努力往外鑽。醫生護士一看，都能看到頭了，趕緊說『加油』，再用點力，馬上就出來了！」……然後寶寶的頭就出來了，醫生趕緊抓住寶寶的頭和肩膀，一拉！整個人就出來了。媽媽還沒來得及看一眼呢，就聽到『哇』的一聲，醫生護士說寶寶哭聲嘹亮可健康了。醫生護士趕緊把你洗乾淨，穿好衣服，然後抱到媽媽的身邊，沒一會兒你就開始使勁吸吮媽媽的奶了……」

「寶寶出生後爸爸也高興得跟甚麼似的，你第一次拉的臭臭都是爸爸給清理的呢，爸爸一點也不嫌臭……」

　　過程中任何一點小事都可以描述得細緻一點、溫馨一點，媽媽努力生大寶的過程和大寶剛出生時爸爸媽媽的喜悅心情都要表現出來讓大寶知道。這一點是非常重要的。借由爸爸媽媽和大寶一起回顧大寶的出生經歷的故事，讓大寶初步瞭解關於生命誕生的一些問題，既起到了教育作用，同時也讓他覺得爸爸媽媽都很期待他的出生，都喜愛他。這種喜悅和期待也會傳遞給大寶，繼而讓他產生對二寶的期待，讓大寶從二寶在媽媽肚子裏時就開始愛護二寶，愛護媽媽。

⑩ 讓大寶明白有弟弟妹妹的好處

想讓大寶提前接納多出個弟弟或妹妹的事實，讓他知道有一個弟弟或妹妹是一件多麼美好幸福的事是非常重要的。

小孩子都是渴望玩伴的，爸爸媽媽可以從「有伴」這個角度，給大寶進行「二寶好處」的灌輸，讓大寶逐漸接受二寶。比如，在和大寶一起整理他的小床時可以跟大寶説：「你這個小床其實很大，如果有一個弟弟或妹妹和你一起睡，晚上還可以一起講悄悄話，一起看故事書肯定很好玩哦。」如果大寶平時比較喜歡舅舅，又是男寶寶，可以告訴他如果媽媽生了妹妹，他以後也可以做舅舅，大寶肯定也非常高興。

除了語言上的引導之外，也要配合一些行動，讓孩子感受到「有伴」的樂趣。比如邀請別的小朋友來家裏做客，或是去別的小朋友家裏做客，還可以約幾個有孩子的朋友一起組織一些活動等。讓孩子們自己組織一些小活動，不僅能培養他們的團隊精神，更好地培養孩子的各種社會能力，也能讓他們知道「夥伴」的重要性。讓孩子們意識到任何的「夥伴」都有分手的一刻，會各回各家，只有自己的弟弟或妹妹才會和自己一起回家，一直在一起。這是一件多麼美好的事情啊！

對於大一些的思想比較成熟的孩子，父母還可以有意識地引導大寶明白，兄弟姐妹間可以互相陪伴、互相幫助，血緣關係是世界上非常親密的關係。

⑪ 讓大寶知道二寶出生後的真相

當然，父母除了要讓大寶知道有弟弟或妹妹是一件很美好的事情之外，還需要告訴他多一個弟弟或妹妹的真相，讓他真正意識到家裏多出個弟弟或妹妹對於他來說意味着甚麼，這樣才能讓大寶從內心接納再生一個弟弟或妹妹的事實。

想像一下，如果爸爸媽媽只對大寶說：「你會多一個弟弟或妹妹跟你玩哦！」大寶聽了會非常開心。結果，大寶對二寶的預期就變成了「弟弟妹妹是自己的玩伴」。終於等到二寶出生了，大寶卻發現這個小嬰兒根本聽不懂話，也不會說話，整天只知道睡覺，根本不能一起玩耍！他會覺得爸爸媽媽在騙人，對二寶的感情也就立刻被失望和憤怒取代。所以，這種不切實際的期待還是不要給比較好，而應該讓大寶明白真相，明白弟弟妹妹出生後他的生活將會發生甚麼樣的變化。

你可以告訴大寶：

「有個小寶寶在媽媽的肚子裏，等他長大一點兒，他就會成為我們家的一分子。」

「大寶，你看媽媽的肚子會變大，所以會有一段時間不能把你抱起來舉高高，不過你還是可以坐在媽媽的腿上。」

「小寶寶剛出生的時候，總是會哭、會睡覺、會吃奶，非常脆弱，所以需要爸爸媽媽的細心呵護，也需要哥哥姐姐的愛護。」

「小寶寶在剛出生的一段時間內還不能陪寶寶玩，不過等長大一些後就可以了。」

……

聽了這些話，剛開始大寶可能會有點小情緒，可是，還有很多時間不是嗎？只要爸爸媽媽對大寶的愛不減少，時刻關注並安撫好大寶的情緒，大寶肯定會真心接納二寶的。

12 理解大寶的反常行為

孩子天生具有敏銳的心，幾乎本能地就能判斷出二寶的到來會對他產生極大的影響：家裏會多一個和自己分享玩具和愛的小寶寶、原本的生活秩序被打亂了、爸爸媽媽陪自己的時間也少了、自己可能還要參與照顧弟弟或妹妹……這些都會讓大寶感到焦慮，他們會感覺自己在這個家裏被邊緣化了。

如果爸爸媽媽經常在一起討論二寶的事情，跟大寶說話時還給他灌輸「你是哥哥（姐姐）了，應該讓着弟弟（妹妹）」、「弟弟（妹妹）出生後，你要幫忙照顧他」的思想，或是在大寶犯錯時責罵他，大寶的不安全感將更加強烈。這些都對大寶的心理發展傷害極大，而孩子沒有成熟的方式表示出自己的不滿，因而會任由真性情，想到甚麼方式就用甚麼方式發洩，甚至出現一系列的反常行為。

調皮搗蛋、罵人、打人

孩子很可能通過暴力或攻擊性的行為來保護自己，雖然外表看起來非常強悍，實際上內心很脆弱、恐懼。

膽怯、不自信

如果孩子突然變得敏感、內向、不愛交往、膽怯，這往往是害怕而壓抑自己的表現。

挑戰父母的權威

跟父母唱反調，不斷挑戰父母的耐性和原則，這是孩子在試探父母對自己的接受程度，判斷父母是否可以信任。

故意製造混亂

故意犯錯，無理取鬧，把家裏弄得一團糟，這是孩子在通過自己的行為表達對父母的不滿。

傷害自己

還有一些孩子會不停地咬嘴唇、刮指甲，甚至弄到鮮血直流，這也是典型的缺乏安全感的表現。

特別是二寶剛出生時，媽媽坐月子期間，大寶更容易出現這些反常行為。對於這些現象，作為父母應該如何解決呢？專家建議理解與溝通。

父母首先要明確一點，大寶對二寶的討厭、大寶的反常行為都並非無理取鬧。對於心智尚未成熟的孩子來說，當他們感覺到自己的地位和得到的愛受到了威脅，他們很難短時間內正確理解這個問題。所以，父母不能對大寶太過苛責，不要動輒處罰、打罵，或是要求大寶應該怎麼做，這樣反而會適得其反，讓大寶把「痛苦遭遇」的根源更多地怪罪在二寶身上。

父母要充分理解大寶內心的異常情緒，並引導他用語言表達出來。聽聽大寶怎麼說，是不是擔心爸爸媽媽會把對自己的愛分給弟弟或妹妹，還是因為不習慣家裏多了一個人，鼓勵大寶說出來自己的想法，進而平復他的異常情緒。同時，要儘量保證二寶的出生不會對大寶原有的生活造成太大的影響，這樣有助於構築孩子的安全感。

此外，重要的一點還是要向孩子表達愛，給他傳遞信心。一旦大寶感到安全，覺得小弟弟或小妹妹對自己的地位沒有威脅了，自然就容易愛上二寶，異常行為也會消失。

⑬ 拒絕親戚朋友「惡意」的玩笑

幾乎每個媽媽都遇到過別人逗孩子的情景，尤其是有了二寶之後。比如，和鄰居一起聊天時，對方會逗大寶：「你媽媽有了弟弟，就喜歡弟弟，不喜歡你了。」雖然大人可能並沒有惡意，只是想逗逗孩子，可是這對於孩子來說，可能造成非常嚴重的影響。一旦孩子受到影響，就需要父母用很長的時間去彌補，否則會留下心理陰影。假如大寶剛好和媽媽吵了架，又碰上別人逗他：「你媽媽不喜歡你了，只喜歡弟弟。」那這句話的殺傷力就會成倍增長。

在二寶剛到來的這段時間裏，大寶本來就很容易焦慮、懷疑，再加上這樣的玩笑，懷疑的種子就很容易生根發芽，給大寶的心靈造成難以彌補的創傷。

所以，對於這樣的事情，父母要第一時間站出來保護孩子，千萬不要因為礙於面子而保持沉默。

💠 父母的態度要明確

在二寶出生前，父母就應該提前跟親戚朋友打招呼，不但不可以逗大寶，而且來看望二寶時，一定要先和大寶問好或擁抱後，再去看二寶。

如果在一些不可預知的場合發生別人逗大寶的事情，父母可以委婉地提醒對方不要這麼做。比如，當別人逗大寶的時候，你可以告訴大寶：「阿姨是在和你開玩笑，她說的不是真的。」對方聽了，自然就知道你的意

思。如果委婉的提醒不起作用，你可以態度堅決地告訴對方：「不要這樣逗孩子，他會當真的。」而且，在事後可以再和大寶確認，媽媽會永遠愛他。

💠 建立親密的親子關係

對於大寶來說，最恐懼的事情莫過於失去媽媽的愛。如果媽媽和大寶平時足夠親密，大寶的安全感良好，那麼大寶遇到別人逗他，可能就會不太當回事。即使孩子產生了懷疑，經過媽媽的解釋，也很容易得到釋懷。而那些親子關係本來就存在問題的母子，孩子容易受到影響，媽媽也很難去開解，受到傷害的還是孩子。

💠 教孩子拒絕別人「逗」他

當然，父母不可能24小時守在孩子身邊，孩子也不是溫室的花朵，不可能每時每刻都生活在父母的保護之下。所以，除了用委婉或堅決的態度禁止別人逗孩子之外，還得教會孩子如何應付這種場面。父母可以鼓勵孩子說出自己的感受，大膽地表達自己的想法，比如告訴孩子，如果有人告訴他「媽媽不喜歡你」，那人一定是在騙他，他可以當面反駁。這對於培養孩子的自信和勇氣也有幫助。

如果爸爸媽媽給大寶的安全感良好，孩子的內心力量強大，碰到這類情況，也不容易慌亂著急，大人的「逗趣」自然也會覺得沒有多大意思，這種「逗」的行為也就停止了。

三、讓大寶參與孕育二寶的點滴

　　讓大寶參與媽媽懷孕期間的生活點滴，產檢、胎教、拍孕照等都可以帶着大寶一起，一方面可以讓大寶感受到新生命帶來的喜悅，讓大寶與二寶早早地培養感情，另一方面共同參與的過程，也會讓二寶有一種被認同、被接受、被肯定的感覺，讓大寶更容易接受二寶。

1 鼓勵大寶親近腹中的二寶

　　媽媽孕期生活的點點滴滴都可以跟大寶一起分享，鼓勵大寶和腹中的二寶交流、親密接觸。

　　每天早上起床可以跟大寶說「早晨」，並告訴大寶，他也可以跟弟弟或妹妹打個招呼，弟弟或妹妹是可以聽到的；晚上睡覺前也可以跟大寶說：「大寶，跟弟弟（妹妹）說『晚安』。」大寶對媽媽突然增大的肚子有時候可能還會感到有點小心翼翼和害怕，這時媽媽可以握住大寶的小手，一起輕輕地撫摸腹中小寶寶，並讓他模仿你的動作，告訴他弟弟或妹妹喜歡他這樣摸。

　　如果爸爸媽媽經常營造這樣的生活氛圍，大寶也會受到感染，大寶付出和接收的感情越多，就會感覺和弟弟或妹妹越親近。

2　讓大寶貼着媽媽的肚子傾聽二寶

　　對於二寶的出生和到來，大寶總是會有很多的想像和好奇，如果能讓他更直觀地感受到弟弟或妹妹的存在，這樣大寶對二寶的情感就會更加具體、更加實在。

　　在懷着二寶的時候，媽媽可以經常讓大寶趴在自己的肚子上傾聽二寶的聲音，讓他和弟弟或妹妹對話。媽媽可以告訴大寶，在懷他的時候，爸爸和媽媽也經常這樣聽他的心跳，和他說話。有時候碰到二寶正在運動，還可以讓大寶把手貼在媽媽的肚子上，感受肚子裏一陣陣的胎動。這時候，大寶會想知道，弟弟或妹妹在媽媽的肚子裏幹甚麼呢？這麼大的小寶寶，媽媽的肚子怎麼裝得下呢？我說的話，弟弟或妹妹聽得到嗎？……

　　對於大寶的疑問，媽媽可以告訴他：「這是弟弟（妹妹）在媽媽的肚子裏打滾，他和你小時候一樣調皮呢！」或是「這是二寶在和你打招呼呢，不信你輕輕摸他一下，說不定他還會踢你呢！」

　　如果碰巧，大寶貼在肚子上的手感覺到了二寶的反應，做出一個翻滾的動作，大寶肯定是極為欣喜的。這對於一個小朋友來說，是何等奇妙的體驗啊！雖然弟弟或妹妹還沒有出生，也不知道他長甚麼樣子，但是大寶卻能真切地感受到他，還能和他玩耍，大寶對二寶的感情也會變得更親密。

　　爸爸媽媽還可以借着肚子一天天變大的機會告訴大大寶，媽媽的肚子多大時弟弟或妹妹就會出生，讓大寶對二寶的出生有更多期待。

3　帶着大寶一起做產檢

　　爸爸媽媽還可以帶着大寶一起去做產檢，讓他能看到醫生如何給二寶做檢查，如何談新生嬰兒的事情。

　　醫院的產科通常和其他科的氣氛不一樣，非常溫馨，許多地方都擺着寶寶們可愛的照片，電視裏也播放着寶寶們洗澡、玩耍的情景，小孩子通常會比較喜歡看這類內容。還有一些媽媽帶着剛出生不久的寶寶來複查，那些小寶寶們被包裹得密密實實的，有的緊閉着眼睛，有的睜着小小的、

黑亮的眼睛安靜地打量着周圍的一切。這些都會讓大寶感到好奇和期待，小小的、可愛的東西，誰不喜歡呢。爸爸媽媽還可以抓住這一點，對大寶進行「弟弟妹妹很可愛的」的思想灌輸。

除了環境的影響之外，大寶還可以參與聽小寶寶的胎心、看超聲波影像，讓他感受到小嬰兒充滿了生命的力量，讓他知道弟弟或妹妹長多大了，長甚麼樣，也能讓他真實地感受到「媽媽肚子裏真的有弟弟（妹妹）了」、「自己真的要成為哥哥（姐姐）了」、「弟弟（妹妹）小小的好可愛」等。

我們不妨來看看這位寶媽帶着大寶一起做產檢的愉快經歷。

例行產檢的時候我們帶上了大寶，因為她想聽小寶寶的胎心。聽過之後，大寶還說小寶的聲音就像火車過橋。後來做超聲波大寶也要求一起去，說要看。她看到了小寶寶在裏面翻身、手舞足蹈，看到了二寶的鼻子、嘴巴。爸爸跟她說：「你在媽媽肚子裏的時候，我們也是這樣帶你來做檢查的。看，二寶長得多像大寶啊，跟大寶在媽媽肚子裏時是一樣的。」就這樣，幾乎每一次的產檢只要大寶在家就會和我們一起去，她是一次比一次期待，想知道自己的弟弟或妹妹甚麼時候出生，長甚麼樣。

回來以後還會跟家裏人繪聲繪色地描述小寶寶長甚麼樣。嫲嫲逗她：「那你看到的是弟弟還是妹妹？」、「沒看清楚。」大寶的回答讓全家人都笑出來了，大寶自己也非常高興。後來弟弟出生後，大寶還有模有樣地跟我討論弟弟和「照片」上的不同，弟弟真的很可愛之類的問題。

如果條件允許，建議爸爸媽媽能讓大寶親眼看看二寶的「裸體錄像」或是「抽象派照片」，比如胎兒蜷縮在子宮內的全景照，吮吸小手的照片等。爸爸媽媽還可以拿出珍藏的大寶的「抽象派照片」和二寶的作對比，當大寶化身「小偵探」認真對比照片的不同時，爸爸媽媽可以從旁引導，告訴他當時的樣子和現在的弟弟或妹妹有甚麼不同之處。這樣大寶的想像力和觀察力都可以得到訓練，到二寶出生時，大寶所獲得的對生命的驚喜是難以描述的。

4　和大寶一起想像二寶的樣子

當二寶還在媽媽肚子裏的時候，大寶通常都會對他的樣子感到好奇，媽媽肚子裏是弟弟還是妹妹呢？他長甚麼樣？

對於大寶的疑問，媽媽可以告訴他：「每一個小寶寶在媽媽的肚子裏的時候都是小小的，開始的時候可能只有小米粒那樣大，慢慢地長成像葡萄一樣大，像梨，然後慢慢長成小嬰兒的模樣……等到出生後就是一個漂亮可愛的小寶寶了。」媽媽可以找出一些比較明顯和直觀的超聲波照片和大寶一起看，大寶小時候的影集、視頻光盤可以找出來，和他重溫小時候的成長畫面，告訴他是怎麼一步一步地成長的。還可以和大寶暢想一下二寶出生後的生活，他也可以為弟弟或妹妹拍一些可愛的照片和視頻，一定能給家裏帶來更多歡聲笑語。

爸爸媽媽還可以教大寶畫圖，畫出媽媽在懷孕期間的變化，畫出他想像中二寶的樣子，這樣大寶就會對二寶的出生有更多的期待。

5　這個故事，大寶也愛聽

爸爸媽媽在給二寶講胎教故事的時候，不妨也帶上大寶，讓他們一起聽故事，培養親子感情。

如果大寶的年齡尚小，爸爸媽媽可以講一些大寶也愛聽的故事，講故事的過程中要適時跟大寶溝通，建立二寶和大寶的聯繫，比如，媽媽可以跟大寶說：「今天爸爸給姐姐講你喜歡的故事，姐姐也邀請弟弟或妹妹一起聽好不好，他肯定也很喜歡聽。」大寶通常都會樂於跟弟弟分享，因為這是爸爸媽媽給他講故事，講的是他喜歡的故事，他可以邀請弟弟或妹妹一起聽，當哥哥姐姐的幸福感和自豪感就會油然而生。如果大寶已經識字，爸爸媽媽還可以邀請大寶給弟弟或妹妹講故事，畢竟大寶已經聽了好幾年的故事了，他已經懂得「很多」了哦！

爸爸媽媽可以和大寶約定好，他給爸爸媽媽和二寶講一個故事，爸爸媽媽給他講兩個故事。故事一定要選簡短的、大寶喜歡的故事，這樣大寶的積極性更高。作為哥哥或姐姐給弟弟或妹妹講故事，還有助於培養大寶的責任感和成就感，到二寶出生後，這個習慣依然可以保留。試想一下，大寶每天給二寶講故事，這是多麼溫馨的場景啊！

6　唱歌、唸詩、撫摸，讓大寶來吧

除了講故事之外，只要是大寶可以做的，二寶的任何胎教活動都可以讓大寶來參與，尤其是在小寶寶有了胎動之後。

爸爸媽媽可以跟大寶說，他在媽媽肚子裏的時候爸爸媽媽也是每天都會給他做胎教，有時候是唱歌，有時候是唸詩，有時候是輕輕地撫摸，有時候還會跟他一起玩遊戲。還要告訴他，他在媽媽肚子裏的時候非常喜歡這項活動，而且能夠聽得到爸爸媽媽的話語，感覺到爸爸媽媽的撫摸，所以現在這麼聰明、可愛。這樣，大寶就知道了，原來爸爸媽媽之前也是那麼愛他，弟弟或妹妹也能聽到他的聲音，知道自己有個大哥哥或大姐姐了。大寶的積極性更高，和二寶的感情也會更親密。

7　慢慢改變對兩寶的稱呼

在全家一致通過，決定要二寶開始，就可以開始慢慢改變對大寶的稱呼，叫大寶哥哥或是姐姐。

這樣的稱呼會讓大寶覺得自己真的不一樣了，是「哥哥」、「姐姐」，是「老大」。「老大」，從字面上來說，就意味着不一樣的地位，理所當然地會受到更多的尊重。爸爸媽媽經常叫大寶老大，還會讓大寶有一種自豪感和責任感。

等媽媽肚子裏有了小寶寶之後，爸爸媽媽還可以叫小寶弟弟或妹妹，讓大寶對二寶有一種認同感。比如，帶着大寶和二寶一起玩的時候，可以說：「哥哥快來，二寶在媽媽的肚子裏動，快來摸摸，在跟哥哥和媽媽打招呼呢！」又比如：「哥哥，二寶又踢媽媽了，你趕緊跟他說說，讓他別這麼調皮。」諸如這樣的日常，肯定會讓大寶很有積極性，也更願意和二寶玩耍。慢慢地大寶就會從心理上適應並認同弟弟或妹妹的到來。

8 請大寶為二寶取個小名

二寶的小名不妨交給大寶來取吧，或是和大寶一起討論幫二寶取小名。比如問大寶，如果是弟弟我們起甚麼小名，如果是妹妹起甚麼名字好聽？而且還要讓大寶認為取名是一件很重要的事，比如告訴大寶之前就是爺爺嫲嫲還有外公外婆和爸爸媽媽一起討論為他取的名字。這樣可以引起大寶的重視，讓他覺得給二寶取名這件事很重要。

當大寶為二寶取好了小名，爸爸媽媽可以用大寶取的小名來稱呼二寶。這樣會讓大寶感到特別驕傲，這是自己取的名字呢！也會讓大寶有一種特別的親切感。

在給孩子取大名的時候，雖然不需要大寶做決定，但也可以讓他一起參與。二寶的大名可以跟大寶的名字有一些關聯，取名的時候可以跟大寶說：「看，弟弟的名字和你的差不多，這樣別人一看就知道你們是兩兄弟。」這樣會讓大寶覺得，我是哥哥或姐姐，我的名字決定了弟弟或妹妹的名字，會讓大寶有一種自豪感。

9 帶着大寶拍親子孕照

大寶，是上天賜予爸爸媽媽的禮物；二寶，是上天賜予爸爸媽媽以及大寶的禮物。如果你懷着二寶，在合適的時機一定要帶上大寶一起去拍親子孕照，將這份美好的緣分——父母子女之緣、兄弟姐妹之緣，永恆定格！它不僅有記錄和紀念的價值，可以溫暖大寶的心，讓大寶感覺到溫馨、甜蜜的家庭氛圍，感受到爸爸媽媽的愛，將來一家人可以一起分享。

親子孕照除了要有一家四口的溫馨場景之外，大寶和媽媽一定要有雙人照，比如大寶和媽媽的肚子親密擁抱的照片。小孩子都喜歡自己漂亮，拍照過程中儘量以大寶為主導，鼓勵他擺姿勢，隨時引導大寶的情緒，比如招呼大寶，「哥哥，跟弟弟或妹妹一起照相」或是「哥哥可以親一親弟弟或妹妹」。拍完後要讓大寶參與看照片、選照片。

爸爸媽媽別忘了告訴大寶，這是我們一家人的紀念，是愛的見證，將來弟弟或妹妹出生了，大寶還可以翻出照片給二寶看，告訴二寶這是我們的第一次合照，那個時候你還是個小嬰兒，在媽媽肚子裏呢。這會讓大寶有一種當哥哥或姐姐的驕傲感，心理上也能得到滿足。

10 讓大寶幫忙挑選二寶的衣物

在給二寶準備出生用品的時候，媽媽可以帶着大寶一起去為二寶挑選。一方面可以與大寶有獨處的親子時間，方便增進媽媽與大寶的感情，而且一起逛街，挑東西，聊天，累了就一起在外面就餐，這樣的安排大寶也會很高興；另一方面可以讓大寶提前接觸一些二寶的事情，知道二寶出生後因為幼小嬌嫩所以需要更多的照顧，提前給大寶打好預防針。當然，期間媽媽也可以適時跟大寶說，當年給他買衣服用品的一些趣事，提升大寶的興趣。

❧ 逛街前要先和大寶溝通好

媽媽帶着大寶去購物之前，可以事先和大寶説清楚去的目的，不一定需要買，就想看看有甚麼適合二寶的東西，需要大寶為自己提供一些意見。一般這樣的情況下，大寶都會有一種使命感和責任感，會同意媽媽的提議。媽媽還可以提出一些具有誘惑性的條件，比如逛完後一起去吃大寶喜歡的食物、給大寶也選一套衣服等。

如果有真心想購置的物品，可以提前列出一個清單，把上面的東西和大寶一一說一遍，可以讓大寶隨時提醒自己，別遺漏了東西，大寶會非常積極，畢竟自己是個「小大人」了呢。

❖ 購物時先諮詢大寶的意見

進入母嬰用品店後，先不要急於去看各種東西，首先應該諮詢大寶的意見。這樣做是為了尊重他，讓他感覺到自己的「責任」——照顧二寶的責任。這裏所説的責任當然不是説讓尚未成熟的大寶去照顧二寶，給他換尿布、沖奶粉，而是讓大寶意識到對於二寶他需要有一定的責任。

那麼需要諮詢大寶些甚麼？如何諮詢呢？建議媽媽從進店後可以這樣詢問大寶：「寶寶，你想先給弟弟或妹妹選甚麼東西呢？」或是「寶寶，你覺得我們從哪裏開始逛呢？」把主動權交給大寶，可以增加他的興趣和責任感。

在挑選東西時，媽媽也要慢慢地、仔細地查看需要選的物品，可以拿起樣品讓大寶摸一摸、問一問，聽聽他的意見。比如，「寶寶，我覺得這個手感不錯，你摸摸。」、「寶寶，快看，你小時候用的就是這個，我覺得還不錯，你覺得呢？」……在這個過程中，允許大寶有自己的想法和看法，如果碰到和大寶意見不合的情況，對於不是很必要的東西就遵從大寶的意見，如果必須要堅持自己的意見就告訴大寶自己這樣選擇的原因，委婉地拒絕大寶的建議。

媽媽除了要諮詢大寶的意見，和大寶討論價位和品質等外，還要分出一部分心思來關注大寶的話和他説話時的心態、心情等。只要家長多用心去和孩子交流，站在他們的角度來看待需要解決的問題，相信沒有甚麼問題是溝通不了的。

11 和大寶一起準備二寶的房間

隨着二寶出生日期的臨近，要做的準備工作也越來越多，大寶和二寶的房間安排也是其中一項，而且佈置房間的重任還可以交給大寶哦。

爸爸媽媽可以先詢問大寶對自己房間的要求，讓他知道雖然弟弟或妹妹要來了，但是爸爸媽媽依然非常重視他。比如，爸爸媽媽可以問大寶：「哥哥可以有自己的新房間了哦，想要換甚麼顏色的窗簾？床要怎麼擺放呀？」這樣可以讓大寶覺得自己要做哥哥或姐姐了，地位提升了，房間自然也要重新佈置。

佈置完大寶的房間，爸爸媽媽還可以徵求他對二寶房間佈置的看法，並且讓他參與佈置。比如，爸爸媽媽可以問大寶：「你覺得弟弟或妹妹的房間用藍色好還是粉色好？」、「這是寶寶以前睡的小床，可不可以讓弟弟或妹妹睡呢？」……這樣做既解決了父母在佈置嬰兒房時人手和創意不足的問題，又兼顧了大寶的情感和心理需求。

12 讓大寶開始練習承擔一些「責任」

在臨近生產的前一個月，二寶馬上就要來了，整個家庭都在做着各種準備，家裏的氣氛也會變得有些緊張，這個時候可以讓大寶開始練習承擔一些工作。大寶也許還很小，根本幫不到甚麼，但不要因為這個原因就不讓他參與進來。實際上，能不能有實質性的幫助並不重要，重要的是大寶參與了，就能對二寶即將出生有着直觀的感受，並且能讓大寶更容易對二寶產生親密感。

當然，如果家裏的大寶還在兩周歲之內，那麼他們能照顧好自己，學會自理就是幫爸爸媽媽大忙了，不能指望他們來分擔甚麼責任和工作。如果大寶已經 3 歲以上，上了幼兒園，那麼建議媽媽可以教教大寶以後可能需要幫助媽媽做的一些事情，比如幫媽媽拿奶瓶、送奶瓶或洗刷奶瓶，一些小寶寶需要用的東西，只要大寶力所能及都可以幫助媽媽完成，而且通常大寶的積極性都是非常高的。

可以做的事情有很多，比如爸爸媽媽可以讓大寶熟悉二寶的日常用品，讓他去進行物品的歸類擺放，必要時加以引導就可以了。這樣不僅能夠培養他們的能力，增加他們的信心，大寶也能感受到爸爸媽媽的信任，對接受二寶也有一定的促進作用。

對於再大一些的孩子和自理能力強的孩子，可以多讓他負責一些工作，比如學習怎麼整理自己的衣服，也幫弟弟妹妹整理衣物。

事實上，父母並不需要孩子為他們做甚麼，但從現在開始讓大寶逐漸意識到自己的責任也並非壞事。

有一點需特別注意，爸爸媽媽千萬不能因為二寶要來了，無暇照顧大寶，而將大寶突然放手交給老人家或傭人看管，這樣容易讓孩子產生心理落差，產生「爸爸媽媽有了二寶就不管我、不陪我」的嫉妒和失落心理。如果從孕期就留下這樣的「地雷」，這將對以後兩個孩子的相處非常不利。

四、讓大寶逐漸適應有二寶的生活

在二寶出生前口口聲聲表示喜歡弟弟妹妹的大寶，在二寶出生後隨時都可能會「反口」。父母要正視這個問題，並時刻關注大寶的情緒，多陪伴大寶，在二寶剛出生的一段時間內幫助並引導大寶逐漸適應有二寶的生活。

1 月子期是大寶的關鍵適應期

儘管二寶出生之前，大寶會有各種期盼和想像，但一旦二寶真的出生了，情況還是完全不一樣了。所以月子期不僅僅是媽媽的恢復期，也是大寶重要的適應期。在這一段時間內，媽媽千萬不能忽視了大寶，而是應該給予大寶足夠的愛和寬容。

很多年輕的媽媽往往在月子期間非常容易忽視大寶，一方面剛生完孩子需要忙碌的事情確實很多，另一方面自己的身體也需要恢復。經常會顧不上大寶，這樣就很容易讓大寶有一種被冷落感，大寶的情緒也因此容易變得激烈起來。因此，二胎媽媽的月子可不能再像生大寶時那樣過了。

坐月子期間，媽媽除了要好好調養身體之外，還要合理安排時間，不僅要安排好時間照顧二寶，更要抽出時間多陪陪大寶。一般來說，二寶在月子裏基本上就是吃了睡、睡了吃，對於媽媽的「陪伴需求」相對不多，所以媽媽除了給二寶餵奶之外，很多事情都可以交給家人來做，自己則可以多陪陪大寶，和他談談心，並告訴他，媽媽一直都會愛他。

有一個基本的月子指導方針，就是：

- 餵二寶吃奶，給大寶疼愛。
- 大寶的情緒第一，二寶的安全第一。
- 愛大寶要說出來，愛二寶不宜高調。
- 時間分配相對公平，「大哥家姐優先」。
- 大寶犯錯別訓斥，愛的擁抱效果更好。

月子期間，爸爸的協助也很關鍵。月子期媽媽肯定是很忙碌的，而且身體也需要調養，這時爸爸一定要抽出更多的時間來分擔媽媽肩上的擔子，多照顧媽媽，多陪伴大寶。

2　二寶出生後，第一時間讓大寶摸摸他

在二寶出生之後，要第一時間帶他去看小弟弟或是小妹妹，讓他摸摸寶寶的小手，擁抱一下小寶寶。當小傢伙的小手從被子裏探出來，細細小小的，皺皺巴巴的，多麼能激起人的喜愛之情啊，大寶當然也不例外。

媽媽還可以把大寶拉到懷裏，親親他，並告訴他，弟弟或妹妹多可愛呀，就像他出生時一樣可愛，告訴他當初第一眼看到他的時候，爸爸媽媽是多麼幸福和開心。當大寶感受到爸爸媽媽在他出生時的歡喜之情並不會比弟弟或妹妹少時，也會同樣高興的。

3　慶祝大寶晉升為哥哥或姐姐了

孩子就是孩子，當他們真正成為哥哥或姐姐的時候，因為自己不再是父母眼中的唯一，多多少少都會有一些失落感，同時也會有種「領地被侵犯」的感覺。

為了安撫大寶的情緒，在二寶出生之後，可以給大寶準備一份禮物，恭喜他晉升當哥哥或姐姐了，讓大寶有一種榮耀感。二寶出生後，家裏有人來看小寶寶，若客人只帶了給二寶的禮物，媽媽可以自己拿一個小東西，私下請客人「送」給大寶，讓大寶覺得自己沒有被大家忘記。

也有的媽媽主張讓大寶和二寶互換禮物。媽媽先給大寶備下一份禮物，告訴大寶，這是二寶托媽媽帶給他的禮物，恭喜他當了大哥哥或大姐姐了，讓他在第一時間產生對二寶的好感。然後鼓勵大寶為弟弟或妹妹揀一份「生日禮物」，歡迎他的到來，進一步增進兩寶之間的感情，大寶對二寶出生的那一點點的「不甘心」和「敵意」也會被瞬間融化。

以後，不管哪個孩子過生日，在給他準備好生日禮物的同時，也應該給另一個寶寶準備一份禮物。這樣，孩子就會意識到爸爸媽媽並沒有因為弟弟或妹妹的到來而忽視他，感受到父母的公平，自然也就不會有失落感了。

④ 時刻關注大寶的情緒反應

大寶願意接受弟弟或妹妹的到來，但這並不表示他願意與新來的弟弟或妹妹分享爸爸媽媽的愛。此時，大寶是否感到不安和焦慮，很多父母可能並不能第一時間感受到，尤其是年齡小的孩子，更是不懂得如何向爸爸媽媽表達自己真實的想法。時間長了，就會影響孩子的心理發育，影響大寶和二寶的感情。

所以，爸爸媽媽一定要時刻關注大寶，尤其是二寶剛出生的那段時間，不僅要告訴大寶「爸爸媽媽會永遠愛你」，還要時刻關注大寶的情緒反應。

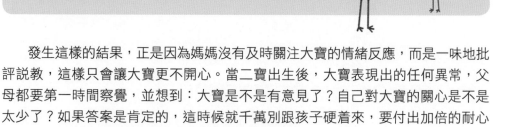

　　桃子媽本來以為對於二寶的到來，她已經給大寶做足了功課，大寶也確實表現出很樂意接受二寶到來的態度。但當二寶出生後，一切還是變了。

　　開始是大寶跟二寶爭媽媽，看見媽媽抱二寶，也會要求媽媽抱自己；晚上睡覺一定要爸爸媽媽陪着，並且不讓二寶上床；當媽媽給二寶餵奶時，已經 5 歲多的大寶也要喝奶……那段時間，大寶整天鬧，經常莫名其妙地發脾氣，有時候又非常安靜，自己一個人默默地站在一邊……

　　可惜桃子媽當時沒有重視這些，覺得大寶太不懂事了，還經常責罵他，導致現在大寶的情緒越來越壞。

發生這樣的結果，正是因為媽媽沒有及時關注大寶的情緒反應，而是一味地批評說教，這樣只會讓大寶更不開心。當二寶出生後，大寶表現出的任何異常，父母都要第一時間察覺，並想到：大寶是不是有意見了？自己對大寶的關心是不是太少了？如果答案是肯定的，這時候就千萬別跟孩子硬着來，要付出加倍的耐心和愛心，溫和地對待大寶的各種行為和情緒問題。

一般來說，父母可以通過察覺大寶發出的以下這些信號，來判斷大寶的心理狀態，因為這些信號正是大寶開始擔憂自己的處境，從而對二寶產生排斥的警示。

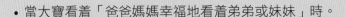

- 當大寶看着「爸爸媽媽幸福地看着弟弟或妹妹」時。
- 當大寶看着「爸爸媽媽談論弟弟或妹妹」時。
- 當大寶在「爸爸媽媽圍着二寶」時表現得過於安靜時。
- 當一家人在一起高興地談論二寶，大寶卻安然走開時。
- 當大寶開始對二寶的可愛、成長提出疑問時。
　……

當大寶出現這些「信號」，爸爸媽媽就應該提高警惕了，要及時安撫大寶的情緒。告訴大寶，爸爸媽媽對他的愛是永遠不會變的，並通過適當的行為讓大寶真正感受到。比如：

- 當大寶看着「爸爸媽媽幸福地看着弟弟或妹妹」時，爸爸媽媽應該抱起大寶，多親親大寶，和他一起談論弟弟或妹妹，談論大寶。
- 當大寶在大家都圍着二寶而表現得過於安靜時，爸爸媽媽一定要注意，不能都圍着二寶，以二寶為中心，要及時關心大寶。
- 當大寶開始對二寶的可愛、成長提出疑問時，爸爸媽媽首先要肯定二寶的可愛，並告訴大寶「你曾經也是這樣可愛」。
- ……

5　不要過分表現迎接二寶的喜悅

二寶如預期中順利出生了，爸爸媽媽肯定是非常欣喜並激動的，可是大寶呢，他也會覺得這是一件很高興的事嗎？孩子的想法和大人可不是完全相同的。他會高興，自己終於當了哥哥或姐姐，從此以後有個「小跟班」了，可他也會傷心，傷心這個「小跟班」真的會和自己搶爸爸媽媽的時間和關愛。

所以，在二寶剛出生的一段時間內，爸爸媽媽一定要學會控制好自己的情緒，適時表達喜悅是可以的，但必須考慮到大寶的心情，千萬不要過分表現出喜悅之情，或是全家都圍着二寶轉。這樣會讓大寶產生「大家果然都喜歡弟弟或妹妹」、「弟弟或妹妹真的會搶走爸爸媽媽」之類的想法。要知道，大寶也只是個孩子，需要被呵護，如果二寶出生後，父母對大寶的關愛與二寶差別太明顯，必然會給大寶的內心造成落差，他一時半會適應不了這種改變，內心就容易出現問題。

6　適度讓大寶參與照顧二寶的過程

如果大寶願意，「放手」讓大寶幫助爸爸媽媽一起照顧二寶吧！比如，媽媽可以和大寶一起給二寶沖奶粉，一起幫助二寶換尿布等。做些大寶力所能及的事，這樣大寶就會覺得照顧弟弟或妹妹也有他的一份了，自然也就更容易接受二寶，也更容易對弟弟或妹妹產生親近感。

✤ 讓大寶做力所能及的事

如果是 3 歲左右的孩子，可以選擇跑腿的事情讓他們放手去做，比如幫弟弟拿個紙尿褲、幫妹妹拿個小手絹，幫媽媽拿一下奶瓶等。如果孩子在 6 歲左右，則可以做更多的事情，比如給弟弟或妹妹洗奶瓶，幫助媽媽一起給弟弟或妹妹洗澡、穿衣、換尿布等，媽媽有事時還可以暫時幫忙照看一下二寶。

✤ 防止大寶「太愛」二寶

有很多孩子對於二寶的到來非常開心，也非常樂意幫忙照顧二寶，看到爸爸媽媽抱寶寶、給寶寶翻身、給寶寶餵奶或穿衣服等也想動手幫忙，甚至看到二寶可愛的小模樣還想上去親幾口。這時爸爸媽媽就要非常注意了，如果孩子尚小，行為沒有輕重，他所謂的親很可能是「啃幾口」，抱寶寶、給寶寶餵奶之類的事情儘量不要讓大寶去做，以免傷到二寶。但也不能一味制止大寶，爸爸媽媽要耐心跟大寶說明，二寶還小，我們只能輕輕地碰，不能傷到他。另外，還是上面所說的，儘量讓大寶做一些他力所能及的事。

✤ 完成任務後的表揚不可少

對於大寶圓滿完成任務，爸爸媽媽一定不要吝嗇自己的表揚，讓大寶不斷地增加責任感、滿足感和自豪感，對二寶就更容易接受了。每當大寶拿來二寶的物品，或是幫忙沖泡了奶粉，媽媽可以對着二寶說：「看看，這是哥哥幫你準備的，你太幸福了，有這樣好的哥哥，以後也要聽哥哥的話哦！」或是「看，哥哥是不是很棒，都能幫你沖奶粉了。」

當大寶能幫忙做更多的事情時，爸爸媽媽也會變得更輕鬆，自然也有更多的精力陪伴大寶。大寶在這樣的良性循環中，不但不會再擔心爸爸媽媽對他的愛減少了，還能通過勞動得到鍛煉，對自己的能力有所認識，更有信心幫助爸爸媽媽照顧好二寶，也更容易接受二寶的存在。

7　爸爸要多陪大寶玩耍

爸爸在孩子的成長過程中是非常重要的。在大寶適應二寶出生的這段時間內，媽媽因為剛生完孩子身體需要調養，而且還要經常給二寶餵奶、哄睡覺、換尿布等，還要照顧大寶，精力比較有限，這時爸爸就要充分發揮作用了。

爸爸要更多地承擔照顧大寶、陪大寶玩的任務，給媽媽充分的休息時間。爸爸可以帶着大寶一起做遊戲、一起讀書、一起學習，其實這也是很好的親子溝通的機會。

當然，爸爸的陪伴建議從孕期就開始，提前一年的時間，讓大寶有一個適應期。在媽媽懷孕的期間，爸爸可以多學着陪伴大寶，比如幫大寶穿衣、洗澡、講睡前故事、送幼兒園等，讓孩子知道，原來和爸爸在一起也是非常快樂的，而且爸爸做的很多事情媽媽都不會，比如爸爸跑得比媽媽還快，爸爸還會踢足球等，給孩子留下「爸爸真棒」這樣的印象。這樣，當大寶的重心由媽媽陪伴過渡到爸爸媽媽誰陪伴都可以的時候，他們的內心也就會變得更加平衡了。當二寶出生後，父母一方需要更多時間陪伴二寶時，大寶便也能順利過渡了，家庭分工也會比較容易。

當然，陪伴工作也不絕對，要根據實際情況隨時調整。比如，當小寶寶需要餵奶的時候，可以由媽媽照顧小寶寶，爸爸就要像英雄一樣出現在大寶身邊陪他玩遊戲、講故事；當小寶寶吃完奶，大寶玩完遊戲，父母也可以換位照顧，讓兩個孩子都有機會和父母好好相處。

8 　正確回應大寶黏媽媽的感情

在二寶出生後，爸爸媽媽可能會發現，本來已經開始有自己生活空間的大寶突然變得特別黏媽媽，比如：

- 原本已經學會吃飯了，卻突然坐在飯桌前不動，一定要媽媽來餵，媽媽不餵就不吃。

- 晚上睡覺的時候一定要媽媽摟着，要媽媽講故事，不然就吵鬧，不好好睡覺，爸爸來也不行。

- 看到媽媽給二寶用奶瓶餵奶，自己也吵着要用奶瓶喝奶。

- 想要媽媽抱，看到二寶被媽媽抱在懷裏，他就要把二寶拽下來，自己爬到媽媽懷裏去。

- 早上起床一定要媽媽幫忙穿衣服，不然就不穿。

- 想尿尿的時候就躺在床上哭，媽媽沒有反應的話，直接尿褲子。

……

大寶的這些特別黏媽媽的行為都是他心理狀態的表現，是因為大寶的內心有了失落感和不安感，正試圖通過這些行為，來引起媽媽的關注。這時，如果父母不瞭解他的真實意圖，只是一味生氣地訓斥他不懂事，責怪他故意搗亂，大寶就會覺得，在父母心中，自己不如弟弟或妹妹，或者因為弟弟或妹妹才讓自己得不到父母的重視。當他有了這種意識之後，便會將自己心中的憤怒轉移到弟弟或妹妹身上，對他採取粗暴惡劣的態度，甚至用暴力的行為對待他。這是所有父母都不樂意見到的事情。

那麼，這個時候媽媽應該怎麼做呢？依然是那個原則：給大寶多一點關注，允許他撒嬌，允許他黏媽媽，並告訴他：爸爸媽媽還是像從前一樣愛他，只是因為他現在長大了，比弟弟或妹妹更懂事，更能幹，爸爸媽媽更信任他，所以選擇適度放手；而弟弟或妹妹現在還小，非常嬌弱，所以更需要我們的愛護。

在具體行為上，媽媽也應秉持「大寶優先」的原則，回應大寶黏媽媽的一切要求。如果大寶求抱抱，媽媽可以暫時把二寶交給爸爸或嫲嫲，抱起大寶，安慰他；如果大寶提出要品嘗二寶的食物，媽媽應告訴他「可以呀」、「沒問題」；如果大寶一定要和媽媽一起睡，那麼寧可四個人睡一間房，也不要拒絕大寶想要親近媽媽的要求……

同時，在條件允許的情況下，要想方設法讓大寶積極參與到照顧弟弟或妹妹的活動中來。這樣可以讓大寶有一種認同感，而且大寶也沒有時間胡思亂想了。

⑨ 不要改變大寶原有的生活習慣

在生活中我們會發現，孩子經常要按照某種固定的方式來擺放東西，或者按照某種固定的程序來做事，他們非常希望周圍事物的運行都可以按照期待發生，這樣才可以讓他們感覺到自己對生活是有掌控能力的。雖然機械，卻是孩子最初的規則意識，也是其安全感的基礎。一旦這個秩序體驗受到挑戰，孩子就會變得非常不安，難以適應。

✿ 二寶的出生打亂了大寶的生活

在二寶出生之前，大寶已經建立了一套習以為常的生活秩序，但是二寶出生後，特別是二寶剛出生的一段時間內，這種生活秩序突然被打亂了。比如，大寶本來是早上 7 點半吃早餐，可是因為媽媽要給二寶餵奶，現在他8 點才能吃上早餐；大寶本來是晚上 9 點就上床睡覺，可是因為媽媽忙着哄二寶沒來得及給大寶講故事，只好推遲到 9 點半才睡；本來每天晚上都是爸爸媽媽陪着一起睡，現在要跟嫲嫲一起睡。如果剛好碰上大寶剛上幼兒園或搬了新家，這種變化就更加明顯。

這麼大的變化幾乎是在一夜之間發生的，而且更多的變化還在陸續發生，難免會讓大寶沒法立即適應，因而常常會感到焦慮與不安。

❖ 儘快結束適應期，建立穩定的生活秩序

在二寶剛出生的一段時間內，整個家庭難免會手忙腳亂一陣子，父母需要做的就是儘量縮短這一混亂的適應期，儘快建立新的家庭生活秩序，並使之穩定下來。

比如，要做到按時起床、按時吃飯、按時睡覺。由於大寶和剛出生的二寶作息時間不同，所以有必要給兩個孩子分別制訂一個時間表，並形成規律。日常的活動也要相對固定，這樣孩子就知道在甚麼時間該做甚麼事。比如，週六或者週日是戶外活動時間，每週的這個時候都可以帶大寶和二寶去公園散步；每天晚上睡覺前是講故事時間，爸爸媽媽不管多忙，都不能省去這個環節。大寶起床後要自己穿衣服、飯前要洗手、睡覺前要刷牙等日常程序也要按照要求來，良好的生活習慣可以讓日常生活更輕鬆、有序。

❖ 不要隨意改變，也不要縱容、妥協

在制訂新的時間表時，儘量和之前保持一致，不要差別太大，不要改變大寶原有的生活習慣，這樣大寶更容易適應。生活計劃制訂之後，就要堅定地執行下去，不要隨意更換，也不要隨意妥協。

為甚麼這樣說呢？主要是因為孩子總是多變的，大寶總是不停地變卦、不斷地提出各種要求，如果父母不能做到理性對待，問題就會變得更麻煩。有些父母為了讓大寶更容易接受二寶，更快適應新的生活，對大寶幾乎是予取予求，以為這樣能讓大寶感到快樂，可往往與期望背道而馳。

比如，到了睡覺時間，如果大寶對父母提出要求「我要看動畫片，現在還不想睡覺」，如果父母允許了，下次就可能還會發生同樣的情況，如果父母下次沒有答應，他就會哭鬧。如果這樣的事情經常發生，孩子和大人都會受傷。所以，在孩子的生活習慣上關於「要不要做」、「甚麼時候做」、「怎麼做」等問題，一定要態度堅定。規則既定，就要遵守，否則就要付出代價，比如減少玩耍時間等，這也是家庭教育中非常重要的一部分。

Part2
二寶出生後，大寶「變了」

　　儘管之前爸爸媽媽已經給大寶做過思想準備的工作，大寶也樂意有個弟弟或妹妹來陪自己，可當二寶真的出現在面前時，大寶還是可能會出現焦慮、失落、嫉妒、爭寵、不講理等情緒和行為。其實，這些都是再正常不過的表現，父母要做的就是理解大寶表現出的這些問題，安撫好大寶的情緒，並正確引導大寶走出負面情緒，讓大寶慢慢適應有二寶的生活，真心接納二寶。

一、做了準備，大寶還是會有情緒

隨着二寶的到來，原本的家庭結構發生了改變，大人不再整天只圍着大寶轉了，而是將大部分注意力都放到了二寶的身上。雖然之前爸爸媽媽已經給大寶做了很多心理工作，但是當二寶出生後，大寶還是會因為種種不適應而出現很多情緒方面的問題。

1 「媽媽不愛我了……」

當爸爸媽媽照顧弟弟或妹妹的時候，大寶通常會找出一些事情來吸引父母的注意力。這個時候爸爸媽媽會覺得大寶在搗亂，甚至會斥責大寶。斥責的後果就是，大寶會覺得自己失去了在爸爸媽媽心目中的地位，會覺得爸爸媽媽不愛自己了。小美的事情就是一個很好的例子：

小美一直是一個陽光開朗的孩子，可是近期她變得不愛説話也不愛笑了。媽媽決定和小美聊一聊，媽媽抱了抱小美説道：「小美，媽媽很愛你，媽媽不希望你有甚麼不開心的事情自己鬱在心裏面，媽媽希望你每天高高興興的，所以，有甚麼事你一定要告訴媽媽，好嗎？」小美哭了，或許是媽媽終於抱了她，又或許是這些日子的委屈終於找到了出口。小美哭了很久之後，對媽媽説：「媽媽，為甚麼你只抱妹妹，卻不抱我，我想讓你抱我，你卻對我説我現在長大了，不能讓人抱了。你是不是只愛妹妹，不愛我？」媽媽看着不停抹眼淚的小美，心中的愧疚湧上心頭，原來小美認為自己不願意抱她是因為媽媽不愛她了。

在妹妹出現之前，小美一直是全家人關注的焦點，有甚麼好吃的、好玩的，家裏人想到的只有她，媽媽也總會抱着小美哄她睡覺，和她一起看電視。可是妹妹小佳出生後，全家人關注的重心就從小美身上轉移到了小佳身上，媽媽也不再抱自己了，這樣小美心裏難免會有失落的感覺，會覺得自己失去了爸爸媽媽的愛。

在這種情況下，爸爸媽媽不能因為大寶的這些行為，簡單地對其進行指責，而應該用更多的包容與愛心去安撫大寶，讓他知道，爸爸媽媽不會因為有了弟弟或妹妹就不愛他了。

② 「討厭突然出現的『愛哭鬼』！」

在大人的世界裏，如果原本很要好的兩個人，突然之間其中一個人和第三個人玩得好了，那麼另外一個人心裏肯定會不舒服，會覺得那第三個人很討厭。同樣的，在大寶的世界裏，突然出現的二寶，也會讓大寶感覺二寶搶走了本來專屬他一個人的爸爸媽媽，從而討厭起二寶來。

三年前，小寧的爸爸媽媽為小寧添了一個妹妹。媽媽總誇妹妹又聰明又可愛，小寧卻說：「她總尿床，還愛哭。」媽媽誇一句妹妹，小寧就會說一堆妹妹的缺點來進行反駁。

小寧越來越討厭妹妹。媽媽牽妹妹的手，小寧會打掉她們互相牽着的手；爸爸給妹妹新買的玩具，小寧會摔壞它；媽媽給妹妹新買的衣服，小寧會弄髒它。做錯了事的小寧總是會被爸爸媽媽呵斥，有的時候還會挨爸爸的巴掌，可是小寧依舊我行我素。爸爸媽媽問過小寧為甚麼要做這些事，小寧回答的是，他討厭妹妹。

自從妹妹突然出現後，爸爸媽媽關注的重點就是妹妹，似乎再也沒有關注過自己。以前屬自己的一切都被妹妹「搶」走了，小寧自然生出嫉妒的心理，因為嫉妒，於是要阻止妹妹和爸爸媽媽的親近；因為嫉妒，所以要摔壞妹妹的玩具；因為嫉妒，所以要弄髒妹妹的新衣服。

當大寶出現嫉妒自己弟弟或妹妹的情況時，爸爸媽媽不要因為大寶的行為而責怪他。爸爸媽媽要儘量避免對兩個孩子區別對待，儘量避免會引發孩子嫉妒心的事情發生。

3　「我只要媽媽幫我穿衣服！」

家裏的第二個孩子出生後，爸爸媽媽都希望兩個孩子能夠相處和諧，不過想像與現實之間總是有差距。媽媽在哄哭鬧的二寶時，大寶也可能會哭鬧個不停，希望媽媽來哄；當媽媽把二寶抱在懷裏給他穿衣服的時候，大寶也會吵着要媽媽給他穿，儘管爸爸就在他身旁。大寶的表現很可能是由於安全感受到了威脅，哭鬧是他在表達內心的害怕與不安。

其實大寶的這種行為就是在跟自己的弟弟或妹妹爭寵，在二寶沒有出生以前，大寶一個人享受着媽媽全部的愛，突然來了另外一個人要分走媽媽對自己的愛，大寶害怕失去媽媽對自己的關注，害怕失去媽媽對自己的寵愛，所以只能通過這種方式爭回媽媽的愛。

面對爭寵的大寶，媽媽一定要給予及時的回應，在某些時候，可以讓爸爸或其他人照看一會兒二寶，自己抽出一些時間和大寶相處，讓大寶感受到媽媽的愛。也可以多和大寶說說他出生後的事情，或是讓大寶參與到照顧二寶的行動中來，讓大寶真切感受到小嬰兒是需要呵護的，大寶自然也就不會和弟弟或妹妹爭寵了。

4　「我討厭媽媽！」

當爸爸媽媽因為二寶的事情責怪了大寶之後，有的大寶就會哭着大聲說：「我討厭媽媽！」這個時候的大寶認為，爸爸媽媽為甚麼只知道說我，而不說弟弟或妹妹呢？這就很容易導致大寶吃二寶的醋，從而引發大寶的抵觸情緒。

弟弟或妹妹出生前，爸爸媽媽關注的只有大寶，可是二寶出生後，爸爸媽媽事事都以弟弟或妹妹為先，不考慮大寶的感受，大寶只好表示抗議：「我再也不喜歡媽媽了。」、「你走開，我要爸爸。」甚至只要弟弟妹妹一出現，他就不和媽媽說話，也不肯吃飯。

面對這種情況，媽媽應理解，抗議的背後是對愛的渴求，其實他是希望媽媽安慰自己、多陪陪自己的，而不是只顧着弟弟或妹妹。只要爸爸媽媽用自己愛心去對待大寶，大寶總會體會得到父母那顆愛自己的心。

5　「為甚麼我總要遷就二寶？」

有的爸爸媽媽總會告訴大寶，作為哥哥或姐姐，要讓着弟弟或妹妹。

剛開始，大寶對這種必須要讓着自己弟弟或妹妹的做法，抵觸情緒不會太大。

在生活中，大寶也會記得讓着弟弟或妹妹，可是時間長了之後，大寶就會覺得我也是爸爸媽媽的孩子，為甚麼我就必須要讓着自己的弟弟或妹妹呢？有的時候明明是弟弟或妹妹的錯，為甚麼總要讓我承擔責任呢？就因為我是大的，就必須要讓着小的嗎？

爸爸媽媽從小就給大寶灌輸事事都要讓着二寶的思想，導致大寶的心理出現這種不平衡的狀態，久而久之，就容易形成心理問題。

這種大寶必須要讓着二寶的思想是不可取的，父母對待兩個孩子的時候，應該將兩者放在同等的地位上來看待，這樣才不會引起孩子的不滿。

6 「你偏心！」

孩子的世界是單純且直觀的，他們對爸爸媽媽的態度很敏感。如果父母的行為讓大寶感受到傷害，父母一定不能忽視，而要與他進行充分而有效的交流。

瑤瑤覺得爸爸媽媽很偏心，只喜歡弟弟，不喜歡自己。上週，瑤瑤去補習班回來後，發現家裏多了一個風箏。於是問媽媽是不是給她買的，媽媽説那是他們和弟弟出去玩買給弟弟的。媽媽剛説完，瑤瑤就氣憤地質問媽媽：「為甚麼只帶弟弟去玩，而不帶我？我就知道你們喜歡弟弟，不喜歡我！所以你們才這麼偏心，只帶弟弟玩，只給弟弟買風箏！」媽媽覺得瑤瑤有點無理取鬧，瑤瑤去補習班了沒時間出去玩，我們才只帶了弟弟去的，這個孩子怎麼這麼大的怨言，媽媽跟瑤瑤這麼解釋了之後，就不再理會哭鬧的瑤瑤。瑤瑤見媽媽不理他，只好傷心地回到了房間。

> 媽媽，你偏心！

案例中的媽媽並沒有耐心地、充分地與孩子交流，而是「自以為」大寶應該理解，所以導致大寶傷心。

其實，在對待兩個孩子的時候，父母一定要將自己區別對待兩個孩子的理由説出來，只有和孩子面對面地交流之後，父母與孩子之間才不容易產生嫌隙。

二、大寶為甚麼會產生各種問題？

二寶出生後，大寶可能會出現一些反常的行為，這些反常的行為會導致一系列的家庭問題，如果不好好對大寶進行正確的引導，勢必會讓大寶留下難以抹去的心理陰影。我們可以找出大寶產生各種問題的原因，這樣才能「對症下藥」。

1 習慣「以自我為中心」

在二寶未出生前，大寶就是家裏所有人關注的焦點，不僅擁有爸爸媽媽的細心呵護，而且還可能有四位老人無條件的寵愛，算得上是「集萬千寵愛於一身」，久而久之，大寶就習慣了以自我為中心，凡事缺乏分享的意識。

兒童心理學家皮亞傑認為，在心理發展的初期，自我和外部世界還沒有明確分化開來，嬰兒把每一件事情都與自己的身體關聯起來，好像自己就是宇宙的中心一樣。

因此，我們可以這麼說，孩子只能根據自己的需要和感情去判斷和理解事物、情境、同他人的關係等，而完全不能採納別人的觀點，不去注意別人的意圖，不會從別人的角度去看問題，同樣也不能按事物本身的規律和特點去看問題。

當二寶出生後，大寶習慣的生活就被打破了。大人們關注的中心不再是大寶一個人，有甚麼好吃的好玩的也不再是大寶一人獨享。家裏多了一個孩子，意味着得和他分享父母的愛，分享自己喜歡的玩具，分享自己愛吃的零食，這樣大寶勢必會覺得不適應，繼而會產生很多反常的情緒和行為。

2 來自內心的危機感

很多孩子在爸爸媽媽給自己生下了弟弟或妹妹後，就變得跟以前不太一樣了。爸爸媽媽可能會發現以前聽話懂事的孩子，突然變得喜歡搗亂，這讓爸爸媽媽頭疼不已。其實，大寶的這種行為就是因為他們害怕失去父母的愛，怕自己失去在爸爸媽媽心目中的地位，這個時候，孩子的內心就已經產生了一種危機感，這種危機感會驅使着大寶做出很多讓爸爸媽媽無法理解的事情。

為了應對自己「失寵」的情況，大寶會出現很多的反常行為。一方面是情緒不穩定，變得愛發脾氣；另一方面是模仿自己的弟弟或妹妹，比如要用奶瓶喝牛奶，比如原本不尿床又開始尿床了。這些行為出現的原因，就是來自大寶內心的危機感，他害怕自己失去爸爸媽媽的愛。

當大寶有反常行為出現的時候，父母需要做到的就是，看到大寶那些異常行為背後的心理需求。不同年齡階段的大寶，他們的異常行為背後有着不同的心理原因。爸爸媽媽明白了這些，才能在大寶出現異常行為的時候，給予有效的引導。

其實，當大寶說討厭弟弟或妹妹的時候，即使他表面說不喜歡，但是這並不代表他的內心就一點也不喜歡弟弟或妹妹。同樣的，就算表面說喜歡，也不代表內心就真正接納了。所以，不論是哪種情況，都需要父母對大寶進行心理疏導，同時，也要相信，孩子的態度大多是可以轉變的，做父母的，要用足夠的耐心和愛心去溫暖孩子的心，讓他們能夠慢慢消除因弟弟或妹妹的到來引發的危機感。

3　害怕「同胞競爭」

在一個家庭裏，如果有了兩個或兩個以上的孩子，孩子們可能會有很多競爭行為，無論哪個孩子都不希望自己是比較差的那一個。

競爭行為有利有弊，有的父母發現，大寶與二寶在一起做事情的時候，兩個孩子的效率與完成效果都比平時好。這個不難理解，處在競爭條件下，孩子的自尊需要和自我實現的需要也就更強烈。但是，競爭太過頻繁會讓孩子長期處於緊張、壓力的情緒下，壓力耐受性較低的孩子就會導致情緒、自尊等方面的心理問題，表現在行為上面就出現了各種異常的行為。

二寶的到來分走了原本只屬大寶一個人的愛，大寶勢必會產生敵對的心理，從而產生很大的壓力。當這種壓力得不到及時排解的時候，他就很有可能做出一些極端的事情，從而引發家裏的矛盾。大寶因為二寶的到來，引發了「同胞競爭」障礙，這種障礙如果得不到及時的解決，就很容易產生各種心理疾病。

同胞競爭障礙是指隨着弟弟或妹妹的出生，兒童表現的出某種程度的情緒紊亂，多數情況下這種紊亂比較輕。

由「同胞競爭」所引發的行為障礙，在孩子的身上有多種表現方式：原本陽光開朗的哥哥，在弟弟出生後變得暴躁易怒，愛打弟弟；原本愛說愛笑的姐姐，在妹妹出生後變得不愛說話，也不愛笑了，並且還出現尿床的現象；原本活潑可愛的姐姐，在妹妹出生後覺得父母不愛自己，總會說自己「不開心」、「爸爸媽媽不愛我了」、「在這個家真沒意思」這樣的話。

如果孩子出現的這些問題得不到及時有效的解決，就會對孩子的人格產生很大的影響。所以，父母在孩子出現這些問題的時候，應該予以高度的重視，而不是不當回事兒，忽略孩子的這些反常行為，也不要把孩子的「抱怨」當作玩笑。

三、父母必修課——大寶心理學

　　針對大寶容易出現的各種問題，父母應充分理解，同時給孩子時間，讓孩子慢慢適應。並結合孩子的具體情況，採取相應的安撫策略，幫助大寶化解負面情緒，並真心接納二寶的到來。記住，愛和陪伴是穩定大寶情緒不可缺少的調和劑。

① 異常心理與行為背後是對愛的呼喚

　　一位媽媽講述了這樣一件發生在自己孩子身上的事情：

　　　　我的女兒原本是個活潑開朗的孩子，但是自從我在幾年前生下了第二個孩子之後，她就變得跟以前不太一樣了。

　　　　我發現她的情緒越來越低沉，話也一天比一天少。以前她可不是這個樣子的，以前每天放學回家後，都會圍着我說好久的話，跟我分享她在學校裏面發生的事情，好的壞的她都說。可是，現在每天放學後，她經常把自己關在房間裏，叫她也不出來。在發現她的這些反常之後，我就找她談過，可是她甚麼也不說。我知道在她身上肯定發生了甚麼，但是，她不說我也不清楚究竟是甚麼事。

　　　　我給她的老師打過電話，可是老師卻告訴我，女兒在學校一切正常，就是沒以前愛說話了，也不愛跟小朋友一起玩耍。

　　　　聽到這裏，我覺得事情有點嚴重了。於是趕緊帶她去看心理學家。經過心理學家和我女兒的對話，終於找出了她變化如此大的原因。原來，女兒覺得爸爸媽媽有了小寶寶，就不再愛她了。

我不喜歡弟弟，也不喜歡妹妹。

當二寶出生後，大寶覺得自己的地位一落千丈，覺得自己失去了爸爸媽媽的愛，於是有了很多異常的行為。二寶出生前，雖然家裏人對大寶進行了反復及長時間的引導，大寶對二寶的存在已經接受，甚至已經對二寶產生了感情。但是二寶出生後，大寶還是有可能出現很多的異常行為。大寶出現異常行為的背後都有具體的原因，爸爸媽媽不能單純只從現象來判斷這些行為產生的原因，而應該從各方面尋找孩子產生這些行為的真正原因，然後再有針對性地採取相應的辦法。

當大寶出現異常行為的時候，往往是他們需要愛和呵護的時候，爸爸媽媽不要因為孩子的反常行為，而對孩子失去信心，而是應該用更多的愛來溫暖孩子那顆「受傷」的心。要給予及時的回應，讓孩子能夠感受到，原來爸爸媽媽還是愛着自己的。

因此，父母必須要有足夠的警覺性，細心觀察，多做準備。只有當家長瞭解孩子哪些行為是異常行為，並且做出及時的應對時，大寶才會覺得自己被爸爸媽媽所重視，才會明白愛其實並未遠離自己。

父母們要知道，大寶還只是一個孩子，還是需要爸爸媽媽的關注的，許多行為或許在家長看來是「找麻煩」的行為，但其實在孩子心裏，他們也不是故意的，他們只是太希望得到父母的關注和愛了，所以才會不由自主地做出許多反常事情來。

有了二寶後，爸爸媽媽也不要忽略大寶，在照顧二寶之餘也要多多陪伴大寶。為了讓大寶感受到來自父母的愛，爸爸媽媽可以通過給孩子講故事的形式，例如講一些有爸爸媽媽和兄弟姐妹的家庭的有趣故事，讓大寶在故事中明白，爸爸媽媽其實是愛自己的，自己是幸福的。

② 放下對大寶的愧疚心理

有了二寶後，有的媽媽認為自己不能將全部的愛給大寶了，由此產生了對大寶的愧疚心理，總是希望自己能夠補償大寶。

有一個懷二胎的媽媽在網上這樣寫道：

自從懷了二寶後，我真的很擔心大寶，害怕大寶因為我懷了二寶認為我不再愛他，於是我總是找機會補償大寶，這樣我心裏對他的愧疚感就會少一些。懷着二寶照顧大寶真的很辛苦，可是我還是對大寶的一切事情親力親為，到孕後期的時候，我連彎腰都很困難，但還是堅持幫大寶洗澡。雖然很辛苦，可是只要能夠補償到大寶，一切都是值得的。我不希望大寶覺得我有了二寶，就不再疼他寵他了。

這位媽媽的情況其實並不是罕見，很多跟她一樣的二胎媽媽也有這種對大寶的愧疚心理，這些媽媽都想盡力做一些事情補償大寶，但是卻往往弄得自己筋疲力盡。

其實，媽媽應該放下對大寶的愧疚心理，停止一些由於愧疚心理而對大寶進行的補償行為。有的父母會擔憂，二寶出生後，勢必會對大寶的關注減少，如果不對大寶進行補償，大寶會不會產生甚麼心理問題。其實從另外一個方面來說，當大寶不再是所有人關注的焦點時，他也同時擁有了只屬他自己的自由空間，在這個空間裏，他可以充分發揮自己的主觀能動性，盡情地去探索這個世界。雖然二寶的到來，使他不能再享有父母全部的愛，也不能獨享玩具和零食，但他卻在這個過程中學會了妥協和讓步，這樣對大寶來說，也未嘗不是一種成長。當他發現自己需要爭取才能獲得爸爸媽媽的陪伴時，他也同時走出了以自我為中心的誤區，他不再只從自身出發去考慮問題，這對大寶來說也是很好的鍛煉。

對大寶來說，重要的不是爸爸媽媽因為自己的愧疚而無條件的順從自己，用各種行為來補償自己，而應該是好好陪着自己，愛着自己，和他一起去面對生活中出現的各種困難與挑戰，給予他力量，這樣他才能健康快樂地長大。

3 優先照顧大寶的需求

當兩個孩子同時存在某種需求的時候，父母首先應該做到的就是優先照顧大寶的需求，但這並不是說從小到大一直對大寶優先對待。在大寶從不適應二寶的存在到接受二寶的這段過渡期內，要對他「優先照顧」。

當二寶出生後，大寶會覺得自己的生活發生了很大的改變，這個時候大寶的心理可能會出現很多的變化，從而導致他的行為方面也會出現一定的問題。為了幫助大寶更好地適應家裏有了二寶的生活，儘量避免大寶的心理和行為出現異常，爸爸媽媽就要在日常生活中做到先滿足大寶，給予大寶更多的關注和愛護，這樣才能讓大寶更順利、更快地接受二寶，適應家中有了二寶的生活。比如，大寶和二寶同時要爸爸抱，這個時候應該先抱大寶。平時也要儘量多點時間來陪大寶，讓他明白有了二寶，爸爸媽媽還是會一直愛着他。

當然，「優先照顧」並不意味着要毫無原則地偏袒，也並不意味着要一直以大寶為先，這樣會對二寶不公平。如果大寶犯了錯誤，也要適時對他進行批評教育，不能一味地偏袒。如果爸爸媽媽一味地偏袒犯了錯的大寶，不僅會對大寶的發展產生影響，也給二寶做了不好的示範。如果大寶已經適應了二寶的存在，並且已經發自內心地喜歡二寶之後，還是繼續「優先照顧大寶的需求」這種做法，對二寶就算不上公平了，長此以往也不利於手足之情的培養。

其實，最重要的是，爸爸媽媽要給予大寶更多的愛和關注，並不是一定要求爸爸媽媽必須做到甚麼，只要爸爸媽媽能意識到不能因為二寶的到來，而對大寶失去應有的關注，那麼便是對大寶好了。

4 接受大寶的負面情緒

當二寶出生後，有的父母會發現大寶突然變得脾氣暴躁，不僅表現出欺負二寶的行為，生活中也常常會因為一點小事就大吵大鬧。除此之外，緊張、焦慮、敏感等也是大寶容易出現的負面情緒。

璐璐近來脾氣有點大，動不動就發脾氣，還總是打妹妹。有天璐璐放學後回家，看到媽媽在和妹妹一起玩，妹妹上前來接璐璐，可是璐璐伸手就把妹妹推倒在地。媽媽見到璐璐這麼暴力，不由得打了她，璐璐惡狠狠地對着媽媽說了句：「我就知道你們不喜歡我，只喜歡妹妹！我討厭你！」

我討厭你！

孩子有了負面情緒，但是她不懂得如何告訴父母，久而久之，這種負面情緒就會導致她做出不理智的舉動。父母可以通過觀察孩子的情緒和行為加以分析，這樣就可以知道孩子是哪裏出了問題，因為甚麼原因出現了問題。比如案例中的媽媽覺得璐璐是在無理取鬧，無緣無故推倒妹妹就是不對，但是這未嘗不是璐璐在間接地告訴她，我想要媽媽更愛我一些。璐璐媽媽需要做的，就是理解、接受並及時疏導孩子的這種情緒。

很多人認為，有負面情緒是不應該的，不好的。所以，當孩子一有負面情緒，就會本能地反感、迴避。但事實上，對於大寶的負面情緒，我們不但不應該否定它，還要去接受它。

大寶有負面情緒不是他自己能夠控制的，是她內心的真實感受，不管是好是壞。的確，璐璐推倒妹妹的行為不對，我們應該要求她改正，但是璐璐身上的負面情緒我們應當接受，而不是一味地斥責。也就是說，我們可以要求孩子控制他們的行為，但是不能要求她控制自己的情緒。

5　正確引導大寶走出負面情緒

已知大寶有了負面情緒，那麼應該如何引導大寶化解負面情緒呢？很多家長都會問這樣的問題，他們大多試過多種方法，效果卻並不明顯。當大寶出現負面情緒，父母要做的除了接受之外，首先要分析大寶產生負面情緒的原因，然後鼓勵孩子講出來，並引導孩子自己發現問題，這樣孩子才能真正理解並走出負面情緒。

✤ 別總對孩子講大道理

當大寶出現負面情緒的時候，大多數父母首先想到的就是去跟孩子講道理，但是孩子往往不太愛聽，所以收效甚微。

曹女士有兩個兒子，大兒子叫小軍，小兒子叫小寶。有一次，曹女士帶着兩個孩子出去玩，回來的時候，小軍不停地喊着累，不願意走路。曹女士想了很多辦法，小軍還是不願意，最後乾脆坐在地上不起來了，非要讓曹女士抱。可是曹女士懷裏還抱着小寶呢，哪裏還有力氣再抱一個人。

於是曹女士試着跟他講道理，她對小軍說：「媽媽手上還抱着弟弟呢，沒辦法抱你了，你就體諒體諒媽媽吧！」

「我不，我就要媽媽抱！」小軍大聲哭鬧起來。

「媽媽已經跟你說過了，我抱着弟弟沒有辦法抱你，你怎麼就這麼不懂事呢？」

曹女士試圖繼續給小軍講道理，希望孩子能明白自己抱了小寶，沒有辦法抱他了。可是情緒激動的小軍卻越哭越大聲。曹女士只好愁眉苦臉地看着小軍，期待着他哭累了就不哭了。

在這個例子中，曹女士就是試圖給小軍講道理，但是小軍卻根本聽不進去。講道理其實不算是一個好的疏導孩子負面情緒的方法，不只是孩子，大人也不喜歡聽別人講道理。並不是說這些道理不對，所謂道理，基本上都是正確的，有用的。但是有些道理孩子可能聽不懂，又或者聽得懂，但就是做不到。所以，別試圖對孩子講道理，正確的方法是讓孩子自己去發現道理。

❖ 分析孩子產生負面情緒的原因

在孩子有負面情緒的時候，爸爸媽媽首先要分析下孩子產生負面情緒的原因，是因為覺得爸爸媽媽陪自己的時間變少了，還是因為害怕弟弟或妹妹搶走父母的愛，找到原因就可以「對症下藥」了。

❖ 鼓勵孩子表達自己的情緒

當孩子陷在負面情緒中無法自拔時，爸爸媽媽可以引導孩子將心中的不滿表達出來。有的孩子因為不懂得如何表達自己的情緒，所以只好通過行為來排解自己心中的不滿。這種情況下，爸爸媽媽就可以從教孩子學會表達開始做起，從日常生活的各個細節開始做起。爸爸媽媽首先可以裝作不經意間在孩子面前表達對某件事情的看法，比如，「我今天早上有個任務沒完成，我不太開心啊」、「爸爸的臭襪子又亂扔，真是太不講衛生了，寶寶你説是不是？」父母在孩子面前表達自己的情緒，在潛移默化中，孩子也會慢慢意識到，自己的不開心，也是可以通過語言來表達的。

❖ 引導孩子自己發現問題

當孩子説出了自己的不滿，父母就可以試着引導孩子自己去發現問題及產生問題的原因。爸爸媽媽可以試着用提問的方式幫助孩子去發現問題、認識問題。當孩子對自己的問題無法理解的時候，爸爸媽媽可以將這個問題用反問的方式反饋給孩子，這時候要記得多給孩子關於問題的選擇，讓孩子去思考，只有他自己思考過，才能更好地去理解。在這個思考的過程中，孩子的負面情緒也會慢慢得到排解。

需要注意的是，意識到孩子的問題之後，不要刻意找機會去解決孩子的問題，而應該在平時的生活中，通過一點一滴的小事來幫助孩子意識到自己的問題。爸爸媽媽也不要直接告訴孩子，應該怎麼做，而是從旁指導，必要的時候給予孩子一定的提示，以免孩子走上錯誤的道路。

6 　共情是取得大寶信任的關鍵

　　共情是人本主義創始人羅傑斯提出的，是指體驗別人內心世界的能力。每個人都有共情的需要，都希望對方能夠理解自己，孩子也是如此。對於父母來說，與大寶的共情，也就是要站在大寶的角度上，去體會大寶所經歷的情緒、情感變化，從而實現瞭解孩子內心、得到孩子信任的作用。

　　共情的目的是為了讓孩子充分表達出自己的情緒，讓孩子有發洩的空間，並把父母對孩子的接納傳達給孩子。這也是父母與孩子取得良好溝通的前提。當我們使用共情的方式來理解孩子的時候，往往能夠收到事半功倍的效果。共情時需要注意的很多，下面針對較重要的幾點做闡釋，以供爸爸媽媽們參考。

✿ 站在孩子的立場思考問題

　　面對大寶的異常行為，作為父母，首先要做的就是努力去理解孩子的感受，給予孩子充分的共情。要想做到這一點，就需要爸爸媽媽放下大人的身份，站在孩子的角度，以平等、尊重的心態去聽孩子說話，設身處地地去理解孩子的處境，要做到這一點並不容易，需要爸爸媽媽完完全全地「忘掉」自己。

　　晴晴和弟弟在客廳裏玩玩具，玩着玩着，兩個人開始爭奪一個玩具，爭着爭着就打了起來。弟弟爭不過晴晴，大聲哭了起來。

　　這個時候正在洗衣服的媽媽趕了過來，對晴晴說：「你是姐姐，應該讓着弟弟，快把玩具給弟弟。」晴晴生氣地說：「為甚麼我要讓着他，是我先拿到的！」媽媽說：「如果你這樣，弟弟以後就不會和你一起玩了你！」晴晴賭氣似的大聲說：「不玩就不玩，我還不稀罕呢！」說着朝弟弟狠狠瞪了一眼，就跑回了房間，一個人在房裏哭了起來。

在這個例子中，媽媽沒有站在晴晴的角度上來理解她，只是要求晴晴把玩具給弟弟，這點讓晴晴感到很委屈。如果媽媽能夠站在晴晴的角度上去看待這件事情，然後作出相應的處理辦法，這樣就會讓孩子比較容易接受。比如媽媽可以對晴晴這樣説：「媽媽知道是弟弟搶了你心愛的玩具，還打了你，你心裏很委屈對不對？」晴晴這個時候得到了媽媽的認同，就會願意和媽媽溝通，這樣的話媽媽再對晴晴進行教育，孩子就會願意聽，事情就會朝着好的方向發展。

❀ 共情時應該說的話

共情時的語言溝通很重要，如果爸爸媽媽不知道究竟該如何用語言來與孩子共情，可以參考以下這幾種共情語言。

• 當爸爸媽媽想表達對孩子感情的理解時，可以用。「寶貝，你現在的感受是……因為……」這樣的語句來組織語言。

• 當爸爸媽媽想表達對孩子意圖的理解時，可以用「寶貝，你想説的是……」或「寶貝，你現在希望的是……」這樣的語句來組織語言。

• 當爸爸媽媽想表達對孩子情感和意圖的尊重時，可以用「寶貝，爸爸媽媽理解你的感受，爸爸媽媽知道這對你來説很重要」這樣的語句對孩子説。

• 當爸爸媽媽想用具體的行為表達對孩子的關心時，可以向孩子這樣詢問到：「寶貝，需要爸爸媽媽為你做些甚麼嗎？」

• 當爸爸媽媽想表達與孩子不同的觀點時，可以這樣對孩子説：「寶貝，你説的話有道理，但是爸爸媽媽也有不同看法，想不想聽聽？」

除了語言溝通之外，共情時最好配合一定的肢體動作，這些肢體語言同樣能夠將「爸爸媽媽是理解自己的」這樣的感受傳遞給孩子。

爸爸媽媽在與孩子的對話過程中，可以抱一抱、拍一拍、親一親孩子，這些動作都能很好地安撫孩子的情緒。在某些時候，肢體語言會比言語表達更簡便有效，一個簡單的動作既不會干擾孩子的表達，又能傳遞爸爸媽媽對孩子的認同和理解，對解決事情起到了較好的輔助作用。

總之，父母在與孩子溝通的時候，不要帶有個人情緒，也不要對孩子的任何行為和想法給出自己的判斷，也不要有任何的預期目標，就只是單純地去聽孩子的傾訴。只有這樣，才會讓孩子暢快地表達自己的情緒，也才會讓孩子更相信自己。

7　相信大寶能成為好哥哥或好姐姐

相信大寶能成為好哥哥或好姐姐，不僅是爸爸媽媽相信大寶能照顧好自己的弟弟或妹妹，同時爸爸媽媽也要讓大寶明白，自己有成為好哥哥或好姐姐的能力。通過讓大寶照顧二寶的一系列行為，讓大寶理解為甚麼爸爸媽媽要花這麼多時間來照顧弟弟或妹妹，這樣就會減少大寶對二寶的嫉妒心，有利於大寶與二寶和諧友愛地相處。

在二寶剛出生的時候，爸爸媽媽往往由於各種原因，無法兼顧兩個孩子。這個時候就可以讓大寶參與到照顧二寶的工作中。媽媽可以有意讓大寶給自己當幫手，比如說，給弟弟或妹妹餵奶、幫弟弟或妹妹拿小鞋子之類的。要知道，我們對投入過心血的人或事物，總是會多一份情感和包容，孩子也是如此，當他對弟弟或妹妹投入過心血後，不僅會對弟弟或妹妹感情更加深厚，而且也會在這個過程中體會到作為哥哥或姐姐的快樂。

有的爸爸媽媽認為大寶做不好照顧二寶的事情，所以就不給大寶照顧二寶的機會。但其實，孩子天生就喜歡照顧小嬰兒，只要爸爸媽媽給予適當的指導，大寶也能承擔很多任務。

建議爸爸媽媽給大寶的指令直白易懂，並且一個指令只說一兩句話。

有的爸爸媽媽覺得教大寶學會照顧二寶也是件很困難的事情，畢竟大寶也還是個孩子，很多事情學不會。其實，爸爸媽媽在這裏有一個認識上的誤區，孩子雖然小，但是他的潛力是無窮的，他們能用自己的辦法解決遇到的問題，雖然可能在大人看來，他們的辦法不是特別的好，但能肯定的是，他們擁有自己解決問題的能力。

君君的媽媽教她給弟弟沖配方奶，先從認識奶瓶的刻度開始。因為媽媽常給弟弟沖 90 毫升、120 毫升的配方奶，所以就只教君君認這兩個數字，雖然君君只有 4 歲，還不太理解 90 和 120 這兩個數字到底是多大，但是她能憑藉自己的方法，給弟弟沖泡合適的配方奶。當媽媽讓她給弟弟充 120 毫升配方奶的時候，她就會去找奶瓶刻度上連續標有 1、2 的地方，那裏就是 120 毫升。憑藉着這個辦法，君君在給弟弟沖配方奶的時候，從來沒有出過錯。

在這個例子中，君君用自己的辦法順利找到 90 毫升和 120 毫升的位置，給弟弟沖好了配方奶。可見，小孩子有着無窮的潛力，只要爸爸媽媽給他們機會，並且給予適當的指導，他們總能給我們帶來意外的驚喜。

在大寶照顧自己的弟弟或妹妹時，爸爸媽媽要適時地將對他的信任傳遞給他，可以用誇獎的方式，比如，大寶幫二寶沖了配方奶，爸爸媽媽可以對他進行表揚：「能獨立給弟弟（妹妹）沖牛奶了，真棒，你可真是個好哥哥（姐姐）！」讓他能夠明白，自己能成為一個好哥哥或好姐姐。爸爸媽媽這樣做不僅能增進大寶和二寶之間的感情，同時也能提高大寶的自信心，他也會更願意幫助爸爸媽媽照顧二寶。

8 激發大寶的責任感

二寶出生後，爸爸媽媽將越來越多的時間用在了二寶的身上，大寶對此很容易產生反感的情緒，導致他對自己的弟弟或妹妹做出很多不理智的事情。為了幫助大寶與二寶之間建立起濃厚的手足之情，可以從激發大寶對弟弟或妹妹的責任感做起，讓大寶意識到自己作為哥哥或姐姐應該承擔的責任。

❖ 給大寶樹立榜樣

責任感並非與生俱來的，而是需要後天的培養。爸爸媽媽可以通過發生在自己身上的事情，對孩子進行言傳身教。讓大寶明白，每個人都有自己的責任，我們要學會承擔責任。父母是甚麼樣子的，孩子就往往是甚麼樣子的。所以，爸爸媽媽們要對自己嚴格要求，為孩子樹立一個好的榜樣。

❖ 帶着大寶一起照顧二寶

爸爸媽媽可以帶着大寶一起照顧二寶，讓大寶做些力所能及的事情。這裏需要注意的是，當大寶完成了父母交代的任務後，爸爸媽媽應該及時給予他肯定與鼓勵，以幫助大寶培養責任感。

❖ 尊重大寶

激發大寶的責任感，還要從尊重大寶開始。當爸爸媽媽要為二寶做甚麼的時候，可以詢問一下大寶的意見，這樣大寶就有一種被人重視的感覺，同時他也會覺得弟弟或妹妹還小，自己有責任保護他、呵護他。

❖ 讓大寶承擔一定的家務勞動

在日常生活中，可以讓大寶承擔一定的家務勞動，激發大寶的責任感。爸爸媽媽可以在家庭中設立一定的崗位，給家庭成員安排各自的職位和任務。這樣可以讓大寶知道，一個人作為甚麼樣的角色，就要承擔相應的責任。在家庭中的這種職位分配可以讓大寶懂得承擔責任的重要性，等大寶明白了這個道理後，就可以將他作為一個哥哥或姐姐應該承擔的責任告訴他。這個時候大寶就能有更加切身的體會了。

此外，激發大寶的責任感，還要求爸爸媽媽不能在大寶未能完成某些事情的時候替他完成。這個時候父母應當要求大寶必須靠自己的努力去完成未完成的事情，這樣大寶才會知道人生中的難題，需要自己勇敢去面對，要學會為自己負責。

9 讓大寶懂得愛的分享

在妹妹出生前，歡歡是家中唯一的小孩。所有人都對她寵愛有加，她有甚麼需求爸爸媽媽都會千方百計地滿足她，還有爺爺嫲嫲和外公外婆也寵着她。老人們對歡歡說得最多的就是，將來我們所有的東西都是歡歡的。時間長了，歡歡就把這句話當成了自己的口頭禪，並且將這句話牢牢記在了心上。

在妹妹出生後，歡歡不再是家裏唯一的孩子。歡歡感覺到了來自妹妹的威脅，怕妹妹搶走屬於自己的一切，於是她變得越來越自私。歡歡經常把自己喜歡的東西偷偷地藏起來，有的時候甚至把妹妹的東西也一併藏起。爸爸媽媽發現後，歡歡總是會用那句「家裏甚麼東西都是屬我的」來回應爸爸媽媽的批評。

有一天，媽媽給妹妹買了一件新衣服，雖然歡歡覺得那件衣服的顏色一點也不好看，可是她還是一把從妹妹手中將衣服搶過來，藏進了自己的衣櫃。妹妹傷心地大哭，大聲讓姐姐還給她，可是歡歡還是無動於衷，任由妹妹哭成了淚人。歡歡覺得，所有的東西都是自己的，就算是媽媽買給妹妹的衣服，也還是屬自己的，她拿回自己的東西，是沒有錯的！

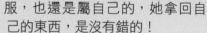

歡歡的事情就是一個典型的例子，在妹妹出生前，她享受着家裏所有人的寵愛。在妹妹出生後，她仍舊認為所有的東西都是她一個人的，不願意跟妹妹分享。這個時候，就需要父母來告訴孩子分享的重要性了。

在二寶出生前，大寶獨自享受着爸爸媽媽的愛，長久下來，他自然會認為爸爸媽媽是屬自己一個人的。二寶出生後，大寶在一段時間內，不會覺得弟弟或妹妹已經是家裏的一份子，會覺得二寶只是一個客人，而且這個客人不會長久待在自己家裏，他總會離開。這個時候，大寶其實是不懂得分享的。

在這種時候，爸爸媽媽就要讓大寶懂得，弟弟或妹妹已經是自己家裏的一員，大寶應該要懂得和弟弟或妹妹分享。

讓大寶懂得分享，可以從這幾個方面着手：

愛的語言

首先要經常對大寶進行愛的表達，讓大寶明白，爸爸媽媽依然愛他。表達的時候，需要注意方式，可以説「爸爸媽媽會永遠愛你」，但是儘量避免説「爸爸媽媽還像以前一樣愛你」。表達方式不同，對大寶產生的影響也是不同的。前者的意思是爸爸媽媽對大寶的愛永遠不曾消逝，但是後者的意思卻是，爸爸媽媽會像以前那樣只愛他一個孩子，這樣不利於大寶和二寶的相處。愛的表達，不僅要説明爸爸媽媽依然愛她，而且還要告訴大寶，二寶也愛他，這樣有利於大寶接受二寶的存在。可以告訴大寶：「爸爸媽媽愛你！你的弟弟或妹妹也愛你！」這樣容易讓大寶感受到他擁有更多人對他的愛，有利於對二寶建立親情。表達的時候，一定要注意不要出現「媽媽最愛你」、「爸爸最愛你」這樣的話語，這樣的表達可能會讓大寶產生一種和弟弟或妹妹爭奪愛的感覺。

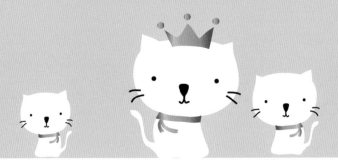

愛的行為

爸爸媽媽要注意自己的行為，如果兩個孩子都需要大人的安撫，應該先去滿足那個需求更緊急的孩子，不能因為誰哭得大聲，就先去滿足誰，那樣不僅不公平，還會助長孩子無理哭鬧的做法。通過這種做法讓大寶意識到，和自己的弟弟或妹妹要共享爸爸媽媽的愛，不能獨享。

正確應對大寶的「獨佔」想法

對於大寶「獨佔」的想法，沒有必要特意指出他的錯誤並讓他改正，因為大寶的這種思想本來只是一種模糊的直覺，一旦被爸爸媽媽挑明，就會讓大寶明確這種感覺。

爸爸媽媽可以用自己的實際行動告訴大寶，父母是大寶和二寶共有的，要學會分享愛。

10 避免給孩子「特殊評語」

當大寶因為照顧了二寶，被媽媽誇讚說「你真是個好哥哥（姐姐）」的時候，就給大寶加上了標籤。標籤對孩子來說其實是一種負擔，一方面，大寶可能會為了守住這個「好哥哥」或「好姐姐」的標籤，不斷犧牲自己的興趣與愛好，只為得到爸爸媽媽的誇讚；另一方面，如果大寶每次照顧了二寶，爸爸媽媽都是這麼誇獎自己，時間長了，也會讓他覺得父母很「敷衍」。無論是以上哪種原因，我們都該儘量避免，不要給孩子特殊評語。

琪琪很喜歡跳舞，在妹妹還沒有出生前，琪琪一直學習跳舞，還多次參加了學校組織的比賽，並獲得了獎項。爸爸媽媽認為琪琪這樣發展下去，未來在舞蹈方面會有不錯的成就。

妹妹出生後，琪琪很喜歡這個妹妹。妹妹從小就喜歡畫畫，剛開始琪琪只是陪着妹妹一起，後來有一天，爸爸因為琪琪陪妹妹畫畫稱讚了琪琪一句「我們琪琪真是個好姐姐！」從此以後，爸爸總是會在琪琪陪妹妹畫畫的時候，誇獎琪琪是個好姐姐。久而久之，琪琪認為，只要陪妹妹畫畫，爸爸就會誇我。

自此以後，琪琪就不再跳舞了。雖然琪琪不喜歡畫畫，可是只要能得到爸爸的誇獎，每次都陪妹妹畫畫，還是很值得的！爸爸媽媽雖然很奇怪，為甚麼一向喜歡跳舞的姐姐，卻喜歡上了畫畫，但是因為兩個孩子相處一直很愉快，所以爸爸媽媽也就任由琪琪這樣去了。

我們琪琪真是個好姐姐！

這個例子中，琪琪每次陪妹妹畫畫，爸爸都會誇獎她。為了繼續得到爸爸的誇讚，於是琪琪放棄了自己熱愛的舞蹈，轉而陪妹妹畫畫。造成這樣結果的原因，就是爸爸當初沒有具體地誇獎琪琪，而只是單純説了一句「琪琪真是個好姐姐」，雖然爸爸自己很清楚，自己是因為琪琪陪妹妹這種具有濃厚手足之情的行為而誇獎了她。可是，琪琪不會明白。

所以，評價自己的孩子，應該儘量避免指向不清的情況發生。「你真是個好哥哥（姐姐）」，當父母對孩子這麼評價的時候，孩子只能得到一個模糊的反饋，

他對於自己到底是哪一點被父母欣賞和誇讚卻不得知曉，所以也就沒有辦法對那個部分進行進一步的強化，所以像「你真是個好哥哥（姐姐）」這類的特殊評語最好不要對孩子説。

11 別總拿兩個孩子做比較

「你已經是大孩子了，怎麼還沒有弟弟（妹妹）聽話呢」、「你看，弟弟（妹妹）都把飯吃完了，你怎麼還剩這麼多呢」、「你怎麼沒有弟弟（妹妹）聰明呢？這個都不會！」諸如此類比較性的話語還有很多。

張女士有兩個孩子，姐姐今年 9 歲，妹妹才 7 歲。張女士平時對孩子的要求比較嚴格，特別是在課業方面。

張女士要求自己的兩個孩子數學考試必須拿滿分，因為她覺得小學的題目都不難，拿滿分是很簡單的事情。有一次數學測驗過後，上一年級的妹妹達到了媽媽的要求，可是姐姐卻因為最後一個題目太難沒有做出來，失去了拿一百分的機會。學校的老師也説，最後一個題目就是給孩子們瞭解下，不要求每個人都要會做的。

張女士看到了兩個孩子的成績後，當即對姐姐訓斥道：「你怎麼連你妹妹都比不上，你妹妹都能得一百分，你為甚麼不行！」姐姐跟張女士解釋了老師告訴她們的話，可是張女士才不管那麼多，就是認定了姐姐比不上妹妹，讓姐姐回去好好反省。

姐姐只好委屈地躲在房間掉眼淚。

在兄弟姐妹面前給另一個孩子貼上不完美的標籤，或是相互比較，不管是正面的或是負面的，都是不可取的。如果一個孩子不斷被爸爸媽媽提醒另一個孩子比他做得好，他很有可能會對另一個孩子進行「報復」，從而引發兩個孩子之間的「鬥爭」。此外，在爸爸媽媽的比較中，處於被「教訓」那方的孩子，因為受到被家長責難、被手足嘲弄等等不公平的待遇，可能就會萌生自卑的想法，自信心也會不斷地被削減。

有了兩個孩子後，爸爸媽媽可能會不由自主地去比較。但是這種比較很有可能會給孩子帶來不好的心理影響。如果爸爸媽媽只是為了分辨每個孩子的心態而比較，那麼這種比較對孩子的負面影響就會較小，但是，如果爸爸媽媽將差異看成差距，並且因此給孩子定性或者對他們進行評價的話，這樣就很容易對孩子的心理造成傷害。

很多爸爸媽媽都有這樣一個認知：兩個孩子有比較就會有競爭，這樣可以相互激勵，落後的孩子就會向優秀的孩子學習。其實，這種認知也沒有甚麼不對的，兩個孩子在一起如果能夠有競爭，雙方都能得到進步，這是爸爸媽媽們都希望看到的結果。但是，在日常生活中，大多數父母在批評孩子時說的話語，都是隨口一說，根本就談不上有教育意義，更不用說孩子能夠從中得到甚麼正面的教育。相反，這種拿手足作比較的做法，會讓孩子之間的矛盾衝突越來越嚴重。

我們需要認識到，每個孩子都有自己的特點，他們天生就有差別。不能用一個孩子的標準去要求另外一個孩子，每個孩子都有屬自己優勢和劣勢，爸爸媽媽們要做到的就是，去發現孩子們身上的優勢與劣勢，揚其長處避其短處，充分發揮孩子們的潛力。

因此，爸爸媽媽、在對一個孩子表達自己的情感的時候，不要把另一個孩子牽扯進來，特別是不要拿兄弟姐妹的優秀表現當武器來批評孩子。

12　一味袒護二寶不可取

　　很多家庭有了二寶後，就會不自覺對二寶有所偏愛，甚至溺愛。具體表現為，為了滿足二寶的需求，毫無原則地讓步，有時甚至犧牲大寶的利益，只為讓二寶滿意。但是，這種溺愛帶來的直接後果就是二寶變得越來越驕縱無理，而大寶也會越來越疏遠爸爸媽媽。所以，一味袒護二寶的做法是不可取的。

　　暢暢的媽媽總是袒護弟弟，不管做甚麼，媽媽都會維護弟弟。今天暢暢又和弟弟在爭一個玩具，弟弟搶不過暢暢，大聲哭了起來。媽媽聽到弟弟的哭聲後，過來對暢暢說：「弟弟很喜歡這個玩具，你就給他玩一陣，別那麼自私！」說着就從暢暢手上拿走了玩具。弟弟拿着玩具開心地玩起來，暢暢委屈地坐在一旁默默流着眼淚。

有兩個孩子的家庭不同於獨生子女家庭，爸爸媽媽和孩子之間的關係有的時候是很微妙的。倘若關係處理得當，大寶和二寶就會相親相愛並且敬愛父母；但若處理不好，就會對大寶和二寶的成長產生不利的影響。因此，父母和兩個孩子之間一定要保持一種平衡的關係，要想保持這種關係，父母就必須立足在沒有偏心的基礎上，絕對不能存着袒護二寶的心理。因為一旦袒護二寶，就會讓大寶感到委屈，這樣父母就會很容易失去在大寶心目中的地位與形象。

13 千萬不要強迫大寶喜歡二寶

有的爸爸媽媽怕大寶會不喜歡即將出生的弟弟或妹妹，所以在二寶出生前，總是告訴大寶要喜歡自己的弟弟或妹妹。在二寶出生後，也還是常對大寶說。而且，當大寶對二寶的出生帶有明顯的抵觸情緒的時候，還仍舊對大寶這樣說。其實，這部分爸爸媽媽的心思不難理解，他們認為只要經常對大寶說要喜歡愛護自己的弟弟或妹妹，就能讓大寶接受二寶，大寶和二寶就能自然而然地和睦相處。

可是，喜歡怎能強迫？就算能夠強迫，這樣的喜歡難道不是一種病態的、有極大隱患的？爸爸媽媽強迫大寶喜歡二寶，這種「強迫式」的喜歡不僅不會起作用，反而會讓大寶怨恨二寶。如果大寶本來就在怨恨爸爸媽媽將原本只屬自己一個人的愛分給了二寶，這個時候還要強迫大寶去喜歡二寶，那結果只能是大寶產生嫉妒、怨恨的情緒，有的甚至會做出傷害弟弟或妹妹的事情。

大寶從出生時就是全家的焦點，他已經習慣了這樣的生活。可是突然有一天，來了一個人，話也不會說，路也不會走，卻把所有人的關注和愛搶走了，並且所有人都在強迫自己必須要喜歡這個弟弟或妹妹，還要求自己把所有的東西和這個小傢伙分享。在這種情況下，大寶只可能討厭二寶，怎麼還會對他生出手足之情呢？

所以，想要大寶和二寶之間建立起濃濃的手足之情，不能靠強迫，要通過一點一滴慢慢培養。

14 避免當着二寶的面批評大寶

當大寶犯了錯誤的時候，有的爸爸媽媽會不由自主地當着二寶的面直接批評他，這種做法往往會傷到大寶的自尊心，進而帶來一系列的負面影響。

明明今年 12 歲，他有個弟弟，今年 7 歲了。明明和弟弟一直相處得挺好，爸爸媽媽對此很是欣慰。可是最近卻發生了這樣一件事，明明和弟弟本來在一起吃東西，可是明明不小心將食物灑在了梳化上，雖然明明在事後進行了補救措施，可是污漬卻怎麼也弄不掉。

　　正在明明猶豫着甚麼時候告訴媽媽這件事情的時候，媽媽發現了這件事情：「明明你過來。」聽到媽媽在叫自己，明明趕緊過去，弟弟也跟着一起過來了。

　　「明明，梳化上的污漬是誰弄的？」媽媽問。

　　「媽媽，對不起，這個是我弄的，我擦了，可是總也擦不乾淨。」明明回答。

　　「媽媽，哥哥不是故意的。」弟弟也幫哥哥跟媽媽説道。

　　「明明，你吃東西的時候，能不能注意點，這麼大的人了，怎麼還會犯這麼低級的錯誤呢？」媽媽批評着明明。

　　「媽媽，哥哥真的不是故意的！真的！」弟弟着急地幫哥哥解釋。

　　「明明，你是哥哥，要給弟弟做個好的示範，犯了錯誤，就得及時認錯，你弟弟都知道給你解釋，你犯了錯誤怎麼就不知道向我認錯呢？」媽媽仍舊在批評明明。

　　明明看了看弟弟，覺得自己在弟弟面前丟了面子，又看了看媽媽，只好羞愧地低下了頭。

在這個例子中，媽媽當着弟弟的面批評明明，明明一方面知道自己犯了錯誤讓媽媽生了氣，覺得對不起媽媽。可是另一方面，明明覺得當着弟弟的面被媽媽罵，真的有一種丟面子的感覺，最後只好羞愧地低下了頭。

這何嘗不是對明明自尊心的一種傷害。當大寶的自尊心受挫，有的會變得越來越膽怯與自卑，而有的會對弟弟或妹妹產生敵意，因為大寶覺得弟弟或妹妹看到了自己不光彩的一面，從而產生了怨恨他們的心理，這種心理就容易導致大寶和二寶發生糾紛，從而引發一輪又一輪的「家庭大戰」。

從另一方面來講，當二寶看到自己的哥哥或姐姐總是被爸爸媽媽批評的時候，有可能會造成對哥哥或姐姐的信任感降低。試想，一個總是被人批評的人，怎麼能夠得到別人的尊重與愛戴呢。當二寶覺得自己的哥哥或姐姐不值得自己尊重的時候，就會變得不願意聽哥哥和姐姐的話，大寶和二寶之間也就很容易產生摩擦。

有的爸爸媽媽認為，孩子還很小，還不知道自尊心是甚麼，談不上傷自尊。其實，再小的孩子也會有自尊心，也會因為爸爸媽媽當着自己的兄弟姐妹的面批評自己，感到自尊心受挫。所以，要達到批評的效果，同時維護好大寶的自尊心，家長應儘量避免當着二寶的面批評大寶，可以找一個單獨的機會進行批評教育。

當爸爸媽媽把大寶叫到一邊，逐步去引導他的時候，大寶就會認為爸爸媽媽是站在自己這邊的，這個時候他就願意把自己的心裏話說給家長聽，也更願意去面對和解決問題。相對於二寶而言，大寶更關注的是情感上的需要，只要能夠滿足這一點，那麼大寶的問題就不難解決。

15 別以「老大」的標準綁架大寶

「你是大哥／家姐，平時多讓着弟弟（妹妹）」、「你是姐姐，一定要多照顧弟弟（妹妹）」……當爸爸媽媽對大寶說出這樣的話時，大寶的內心很容易會生出抗拒的心理。試想一下，如果總是有人告訴你，你比他大，你就應該承擔責任，你比他先進公司，你就該多承擔一些，諸如此類的話，大人們也會覺得很反感，何況是孩子呢。

當大寶搶二寶東西的時候，父母會批評大寶；但是當二寶搶大寶東西的時候，很多爸爸媽媽還是會批評大寶，他們認為大的就該讓着小的。最後導致大寶認為爸爸媽媽愛弟弟或妹妹勝過愛自己。

現實生活中也不乏這樣的例子：

　　浩浩今年 11 歲了，四年前，媽媽生下了弟弟。弟弟剛出生的時候，浩浩是很喜歡他的，可是漸漸地，浩浩越來越討厭他。

　　「怎麼又把杯子弄倒了，你這個孩子，怎麼就不能小心點。」

　　「那是弟弟弄的，不是我！」

　　「你是哥哥，你有義務看好弟弟。你沒有看好弟弟，才導致弟弟把杯子弄倒，所以就是你的錯！」

　　爸爸在責怪浩浩，認為浩浩沒有盡到哥哥應盡的責任，沒有看好弟弟。浩浩認為，明明不是自己的錯，爸爸卻罵我，憑甚麼作為哥哥，這就是我的錯，這不公平。

　　這天，浩浩和弟弟又在搶玩具，弟弟力氣小，沒有爭過哥哥，坐在地上哇哇大哭。媽媽聽到了趕緊過來抱起了弟弟，並且要求浩浩將玩具讓給弟弟。

　　「你是哥哥，就要讓着弟弟，趕緊把玩具給弟弟。」媽媽對浩浩這樣説，浩浩委屈地哭了：「為甚麼？為甚麼我是哥哥，我就要讓着弟弟，爸爸是這樣，媽媽也是這樣，都要我讓着弟弟，為甚麼？」

你是哥哥，就要讓弟弟。

因為是哥哥，所以就必須要讓着弟弟，很多爸爸媽媽都有這樣的想法，可是這樣做的結果就是大寶很委屈，而二寶也會變得越來越驕縱。用「老大」的標準綁架大寶，讓大寶處處讓着二寶，是家庭教育的大忌。正確的做法應該是就事論事，不要總用「大寶是哥哥或姐姐，所以就必須讓着弟弟或妹妹」這樣的想法去要求孩子。

當兩個孩子之間出現糾紛的時候，爸爸媽媽應該在一旁引導他們自己溝通，讓他們自己解決問題。當問題解決不了時，一般情況下，首先應該制止兩個孩子互相攻擊的行為，以平復他們的情緒，然後再進行調解。

16 父母不能對孩子說的話

在日常生活中，爸爸媽媽常會因為各種情況，情急之下說出一些傷害孩子的話。其實，父母是沒有惡意的，但是有的時候說出來的話卻會對孩子造成影響，有的甚至會給孩子造成陰影。所以，為了孩子能快樂地長大，為人父母，絕對不能對他說出以下這些話。

「等我哪天找到答案再告訴你」

有的時候孩子問爸爸媽媽一個問題，期待他們能為自己解答。可是，父母也會有自己不懂的問題，這個時候，有些父母就會告訴孩子：「等我哪天找到答案再告訴你」，可是往往就沒有了下文。

孩子信任你，相信你，才會向父母提問，當孩子總是得不到父母的回答時，他們對父母的信任感就會減少一些。相信所有的爸爸媽媽都不希望孩子對自己缺乏信任感吧，那就請不要說這句話。

「我沒有本事，家裏就看你的了。」

父母對孩子說這樣的話時，就表明連父母自己都失去了幹勁，將所有的希望寄託在孩子的身上，這樣是非常不可取的。

父母覺得自己沒有本事，無法實現自己的願望，於是將所有的希望寄託在孩子身上，可是，這些父母有沒有想過，做父母的自己都不努力，憑甚麼要求孩子努力？做父母的整天盼望孩子為他爭口氣，那孩子會不會也學他的父母一樣，去將希望寄託在自己的孩子身上呢？

「和你爸一樣德行」

　　媽媽對孩子說出這句話的時候，等於是同時批評了兩個人。這句話不僅會影響父親在孩子心目中的地位，而且還會讓孩子覺得爸爸和媽媽之間感情不穩定。這種不穩定感會增添孩子的憂慮與擔心，對他的成長也會產生一定的影響。

「你的任務就是好好學習，其他甚麼都別管」

　　有的父母覺得孩子的任務就是學習，學習以外的事情不需要孩子操心，所以養成了孩子除了學習之外對甚麼都漠不關心的處世態度。這樣的孩子很難適應外面的世界，也很難獨立生活。

　　因此，不管是對大寶，還是二寶，這樣的話，儘量不要說。父母應該知道，孩子們除了學習，也需要結交志同道合的朋友，也需要見識更廣闊的天地，他們的生活中不是只有學習就夠了。

「這麼簡單都不會，以後還能幹嗎？」

　　這樣的話，很容易削弱孩子的自信心。孩子才多大，父母為　甚麼要憑孩子的現在對孩子的未來做出評價？就算父母說這句話並沒有甚麼別的意思，只是情急之下說出來的。可是孩子不會這樣認為，他們只會覺得父母對自己很失望，同時，在父母這句話的影響下，孩子也會對自己的未來感到迷茫。如果爸爸媽媽是對大寶說這樣的話，被二寶聽到了，大寶還會覺得自己很沒有「面子」，會覺得自尊心受到了傷害。

這麼簡單都不會，以後還能幹嗎？

　　有的時候只是無心的一句話，卻會給孩子的心理帶來如此多的負面因素；所以，這樣的話還是不說為妙。

「你看看人家的孩子。」

當孩子表現得不如別人家的孩子的時候，有的父母就會說出這樣的話來。為甚麼要和別人家的孩子去對比呢？每個孩子都有自己獨一無二的特質，每個孩子都有自己的優點和缺點，父母不需要也不應該把自己的孩子和別人家的孩子做對比。

當父母對孩子說出這樣的話，不免會讓孩子感到委屈，他們會覺得，為甚麼我要和別人家的孩子比呢？難道爸爸媽媽喜歡別人家的孩子勝過我？

所以，為了避免讓孩子產生這樣的困惑，家長應儘量不要對孩子說這樣的話。

「你再這樣搗亂，我就不要你了」

這樣的話，一旦父母對孩子說出來，會引起孩子的恐慌和焦慮，繼而發展成缺乏安全感。久而久之，孩子可能會以為父母真的要拋棄他了。特別是家裏有了二寶之後，大寶就很容易認為爸爸媽媽要拋棄自己了。

當孩子覺得自己會被父母拋棄，世界從此黑暗，負面情緒伴隨着他，會對孩子的身心健康造成很大的傷害。所以，這樣的話，父母一定不能對孩子說。

「夠了！滾出去！」

說這句話的時候，爸爸媽媽一定是在手忙腳亂地做事情，這個時候如果孩子在旁邊干擾，肯定會影響父母的心情。在爸爸媽媽生氣的情況下，對孩子說出了這樣的話，即使事出有因，這樣說也是不對的。

孩子以自我為中心，只關心自身的需要，當他想和爸爸媽媽玩的時候，才不會管他們是不是在忙。我們應該對孩子給予足夠的寬容，像這種語氣和態度都不好的話，可不能對自己的孩子說。這種話語對孩子的傷害很大，容易讓孩子失去對爸爸媽媽的信任感。

「你怎會這麼壞，但願我從來沒生過你」

網上有人曾經說過，他的媽媽在他很小的時候，對他說過但願從來沒生過他，這句話讓他記了一輩子，無論如何也忘不掉。可見這句話對孩子的傷害之大。

其實那位網友的媽媽也可能只是因為孩子太調皮，照顧不來的時候脫口而出這麼一句話，她根本不知道自己的孩子會記了這麼長時間。我想，要是這位媽媽知道這句話對孩子的影響，她是無論如何也不會說的。可是，世界上哪來的後悔藥呢？

「別哭！不准哭！」

當孩子哭泣的時候，有的爸爸媽媽會強制要求孩子不許哭。可是，當孩子情緒不佳的時候，哭一哭還能起到舒解的作用，父母硬要孩子壓抑自己的感情，這樣未免有點強人所難。

當孩子哭的時候，父母首先不是要求孩子停止哭泣，而是應該聽聽孩子的想法，看看他是否需要幫助。如果孩子是在公眾場合大哭，可以立即將孩子帶離現場，但是千萬別疾言厲色地對孩子說「不准哭！」

17　不同年齡階段孩子的安撫策略

　　有的爸爸媽媽經常會問：不同年齡段的孩子究竟應該怎樣對他進行教育，孩子鬧情緒的時候，到底怎樣安撫才是正確的？有哪些是能做的，哪些是絕對不能做的？……父母們在面對孩子的問題時，因為不懂得究竟該如何做，常常會陷入迷茫中。

　　二寶出生後，不同年齡的大寶就有可能產生不同的心理和情緒問題。我們不能用同樣的方式去對待不同年齡的大寶，為了安撫不同年齡階段的大寶的情緒，我們可以試着這樣做：

✿ 2 歲以下

　　當大寶還不滿 1 周歲的時候，媽媽生下了二寶，其實不用太過擔憂大寶。這個年齡階段的大寶，雖然能夠表達自己的痛苦與喜悦，也能夠對他的主要照顧者表現出特別的親密，但這並不意味着，他理解家裏多出一個孩子對他產生的一系列影響。因此，可以這麼説，當二寶出生時，大寶如果不滿 1 歲，不用向他做出過多的説明，因為就算你解釋了，他也不一定能明白你在説甚麼。

　　當大寶已經 1 周歲多了，這個時候，他能夠聽懂媽媽的話，也有了最初的自我意識，所以，爸爸媽媽應該把有了弟弟或妹妹的事情告訴他，但是也不用説太多。由於他的認知能力很有限，所以就算告訴了他家裏添了弟弟或是妹妹，他對此都不會有甚麼情緒，能夠很自然地接受這件事情。

✿ 2～3 歲

　　兩歲以上的孩子，開始獨立思考問題，自我意識日益強烈。所以，爸爸媽媽如果這個時候要生第二個孩子，那就要和大寶進行溝通，而且需要對此重視起來，絕對不能敷衍了事。對大寶説這件事情的時候，可以採用迂迴的方式，讓大寶先體會一下關於哥哥姐姐以及弟弟妹妹的概念，然後再去告訴他，不久後，他也會當上哥哥或姐姐。

　　讓大寶體會兄弟姐妹的概念，可以給大寶找相關的故事書讀給他聽，讓他對兄弟姐妹之間的感情有個大致的瞭解。其次，可以帶他去有兩個孩子的家庭裏玩，

讓他切身體會一下家裏有兄弟姐妹的感覺，注意應該儘量去氛圍好的家庭體驗，而且事先要徵求主人家的同意。

幫助大寶形成兄弟姐妹的概念，並且大寶也接受了即將到來的弟弟或妹妹，但是爸爸媽媽可不要認為就萬事大吉了，要知道這個年齡階段的孩子，心理是十分不穩定的。

如果他覺得爸爸媽媽關心二寶勝於自己，他就會覺得二寶搶走了原本屬自己的愛，從而引發他對弟弟或妹妹的嫉妒心，更有可能出現很多異常行為，比如：尿床、發脾氣、罵人等。這個時候，爸爸媽媽不能因為不耐煩而採取訓斥等做法，越是這種時候，就越要給予大寶更多的關愛，同時也要理解孩子的情緒，多多鼓勵他、讚美他，來幫助他順利度過這段焦慮期。

🌸 3～4歲

3～4歲的孩子已經能說一些完整的句子，並開始掌握互動交流的能力了，也就是說，孩子已經會和家長溝通了。而且，這時的孩子還會在意別人說的話，願意聽別人說話，表現為喜歡跟家長聊天，願意聽家長給他講故事等。有的時候一個故事重複講很多遍，孩子還是百聽不厭，反復要求聽同一個故事。

因此，如果這時候父母準備生二胎，一定不能忽略和孩子的交流，可以用給孩子講故事的形式，引導他慢慢接受。

🌸 4～6歲

這個年齡階段的孩子雖然思想還很簡單，但是想像力卻很豐富，很容易混淆現實與想像。如果爸爸媽媽直接告訴他，你馬上就要有弟弟或妹妹了，他不僅很難接受，而且還會想像出很多不好的東西，由此帶來很多負面情緒。這些負面情緒在孩子的身上會有很多的體現，他會故意裝作沒聽到別人和他打招呼，稍有不開心就會直接大聲哭鬧。當他聽到有人談論自己未來的弟弟或妹妹時，大寶甚至會用各種方式發洩自己的憤怒，比如亂扔玩具，又比如「驅逐」那個談論的人。

大寶為甚麼會有這麼激烈的表現呢？對於這個年齡階段的孩子來說，他們已經有了一定的自我意識，他們在知道自己即將有弟弟或妹妹之後，會擔憂自己失去爸爸媽媽對他的愛，這種擔憂經過自己的想像，會被放

大，從而導致孩子做出過激的行為。這個時候爸爸媽媽可以適當表現出對大寶的「偏愛」，讓他覺得爸爸媽媽對他的愛不曾減少。

當二寶出生後，為二寶準備各種東西的時候，也不要忘記給大寶準備一些；當爸爸媽媽和大寶單獨出去玩的時候，可以告訴大寶，不用照顧弟弟或妹妹，和他在一起真是太高興了之類的話語。這樣大寶就會覺得，雖然爸爸媽媽平常忙着照顧弟弟或妹妹，可是爸爸媽媽的心思還在自己身上，這樣就會讓大寶覺得安心，慢慢地，那種因為弟弟或妹妹的到來而引起的緊張與焦慮就會消散。

♣ 6 歲以上的孩子

6～12 歲的孩子，逐漸具備了獨立思考的能力，同時也擁有了較強的獨立意識。但是，此時的孩子，處在一個叛逆期，情緒起伏較大。

處於這個年齡階段的孩子，從爸爸媽媽口中得知自己即將有個弟弟或妹妹的時候，他如果對此表現出抗拒，不要感到生氣，這些都是正常現象。爸爸媽媽可以循序漸進地引導大寶接受二寶，不要太過着急。試想，讓一個成年人接受一個新事物也需要一段時間，更何況是孩子。

具體怎麼引導呢？首先爸爸媽媽要做到的就是打開自己的心扉，與孩子做朋友。在日常生活中慢慢引導大寶說出對二寶感到抗拒的原因，知道了原因，才好對症下藥。

爸爸媽媽還可以慢慢培養孩子的責任感與自豪感。這個年齡階段的孩子，已經在集體生活中體會過責任感與自豪感帶來的滿足感，對此有了一定的認知。所以，

這個時候，慢慢引導大寶培養起作為一個哥哥或姐姐的責任感和自豪感是比較容易的。

這個時期的大寶情緒不穩定，作為父母，我們不能因為孩子脾氣暴躁或者不順從自己的心，動輒對孩子打罵。而應該用比平時更多的愛來溫暖大寶，讓大寶知道，有了二寶，自己並不會失去爸爸媽媽的愛，不僅如此，自己還會多一個弟弟或妹妹，這個世界上又會有一個人來與自己分享生命中的喜怒哀樂。

18 瞭解孩子的氣質，對「症」施教

每個孩子都有與生俱來的獨特氣質，在一定氣質基礎上，在孩子的活動與社會環境相互作用下便形成了性格。不同氣質的孩子通常會表現出不同的行為。想要瞭解並理解大寶，首先就得從孩子的氣質入手。

人的氣質可以分為四種類型，分別是膽汁質、抑鬱質、黏液質、多血質，我們可以根據這四種氣質類型的不同特點，用不同的辦法來對孩子進行教育。

❖ 膽汁質

氣質類型為膽汁質的孩子性情開朗、坦率，但是脾氣暴躁，喜歡和人爭論，特別是在與爸爸媽媽的意見不同的時候，會一直和父母爭論。而且，這類孩子的情感和行為動作產生得迅速而且強烈，當和父母爭論不出結果的時候，可能會因為情緒激動而出現一些過激的行為。但是這類孩子的情緒來得快去得也快，所以，當爸爸媽媽與孩子之間出現爭執的時候，不妨等孩子平靜下來之後再慢慢講道理。

這類孩子往往精力旺盛，思維也較為靈活，對待自己的任務和工作有很大的熱情。爸爸媽媽可以充分利用孩子的這類特徵，將一些孩子力所能及的事情交給他去做，這樣不僅能夠培養孩子的自信心，還能增進孩子與父母之間的感情。但是有一點需要注意，膽汁質氣質的孩子很容易失去耐心，所以父母給孩子安排任務的時候，要考慮到這點，儘量避免將一些繁瑣、花費時間過長的任務交給他。

這類孩子通常行動利落而又敏捷，説話速度快且聲音洪亮。當爸爸媽媽覺得自己的孩子有這種特質的時候，可以據此針對性地發展孩子的某些能力。比如説，孩子聲音洪亮，可以讓孩子接觸下演講和主持，如果孩子有興趣，就可以讓孩子繼續學習，還能培養出一個傑出的主持人或者演講家呢！

✿ 抑鬱質

抑鬱質的孩子情感隱晦而不外露，爸爸媽媽往往不能從孩子的外在表現而正確判斷出孩子的情緒，所以也就無法及時幫助孩子排解不良情緒。對待這類孩子，父母往往要給予足夠的耐心與關心。在日常生活中，更要細心觀察，通過發生在孩子身上的事情，自己做一個初步的判斷，然後再對孩子進行持續的觀察與分析。千萬不能因為看孩子好像甚麼事情都沒有發生一樣，從而覺得孩子內心沒有甚麼大變動。但是這裏要注意的是，不能把自己的判斷當作孩子會產生的表現，這裏做判斷只是為了讓父母在自己心裏留個心眼，不要忽略孩子的感受。

這類孩子往往富於想像，聰明且觀察力敏銳，善於觀察他人觀察不到

的細微事物。當這類孩子向爸爸媽媽分享自己觀察到的事物的時候，爸爸媽媽不要用自己的理解去否定他，而應該去和他進行一次小小的探討，比如說，「你可以詳細跟我說說嗎，我很感興趣呢」，這樣孩子受到鼓舞，就會願意與父母分享。同時可以培養他的一些小興趣，比如繪畫、雕塑等需要觀察力與想像力的事情，讓他的特徵迸發出獨特的閃光點。

在意志方面，抑鬱質的孩子常表現出膽小怕事、優柔寡斷，受到挫折後常心神不安，並且這類孩子不善交往，較為孤僻。當父母發現自己的孩子具備以上特質的時候，不要認為自己的孩子很「沒用」。氣質是人天生的，並沒有好壞之分，爸爸媽媽要做的就是給予孩子關心與支持。當孩子遇到挫折的時候，不僅要從旁給予陪伴，同時要積極幫助孩子分析問題和解決問題。孩子不善於和別人交往的時候，不要太過心急，多帶孩子接觸不同的孩子，慢慢地引導孩子與其他人接觸。時間長了，他自然會體會到與人相處的樂趣。

✿ 黏液質

黏液質的孩子對待事情缺乏激情，遇到不愉快的事也不動聲色。對待這樣的孩子，爸爸媽媽可以從培養他的興趣入手，讓孩子體會到有自己所鍾愛的事情，是多麼美好。當然，培養孩子對事物的激情還需要父母的言傳身教。爸爸媽媽的行為對孩子來

説是非常有感染力的，會使孩子從內心認同與學習。當他看到自己的爸爸媽媽對待事情有極大的熱情的時候，時間長了，受到父母的感染，他也會對事物慢慢生出激情來。當這類孩子遇到不愉快的事情，因為他們不會表現出來，這種時候，爸爸媽媽都會非常頭疼，但是越是這個時候越要耐心地對待孩子，要用加倍的愛心與關心溫暖他的心。

這類孩子的注意力穩定、持久，對待事情比較細緻，喜歡沉思。擁有這些特質的孩子，因為可以長期專注地做一件事情，因而如果確定好一個正確的方向，往往會有不錯的成就。但因為這類孩了的思維靈活性較差，注意力也不容易轉移，當他關注的事情朝着錯誤的方向發展的時候，就需要爸爸媽媽給予孩子正確及時的引導。

在意志方面，這類孩子具有耐性，對自己的行為有較大的自製力。所以爸爸媽媽帶這類孩子往往會很省心，但這並不意味着父母就不需要對孩子的行為進行約束。

🌸 多血質

這類孩子善於表達，姿態活潑，表情生動，很容易和人相處熟絡。看到這裏，相信很多父母都希望自己的孩子就是這種氣質類型的人，但是這種氣質類型的孩子卻很容易轉移自己的注意力與興趣，對事物常保持着三分鐘熱度。對待這類孩子的時候，有的父母總是一直採取順從的態度，這種做法其實是非常不利於孩子身心發展的，甚至還助長了孩子這種「三分鐘熱度」的不良習慣。

正確的做法應該是：首先，給孩子營造一個安靜的環境。這類孩子的注意力容易因新的刺激而轉移，爸爸媽媽可以排除各種可能分散孩子注意力的因素，從而讓孩子安安靜靜地去做一件事情，父母可以在旁進行監督和指導，但是必須將自己給孩子帶來的刺激感降到最低。

其次，孩子一天的生活節奏和活動時間都會影響到他的注意力，所以，可以給孩子安排一個規律的生活作息，這樣可以幫助孩子集中自己的注意力。

最後比較重要的是，為了讓孩子集中注意力，家長不要強迫已經出現注意力不集中情況的孩子繼續專注手裏的事情。正確的做法應該是，讓孩子做一點自己感興趣的事情，長期堅持下來，孩子的專注力就會慢慢地培養起來。

在意志方面，這類孩子缺乏忍耐性，毅力不強。雖然氣質是天生的，但不要認為無法改變。爸爸媽媽不僅可以通過言傳身教讓孩子知道毅力的重要性，同時也可以通過給孩子講故事，帶他去瞭解那些有毅力的人的生活，讓他明白，一個人有了毅力才能夠有所成就。

Part3
家有兩寶，相親相愛才更好

家有兩寶是一件幸福的事，但朝夕相處的兩個孩子難免會出現糾紛和「戰爭」。如何正確看待兩寶之間的關係，培養手足之間的親密感情，化解兩寶之間的矛盾，是父母必須學習的功課。如果這些問題處理不好，就有可能給孩子們的心靈帶來傷害。在育兒過程中，父母也應隨時自省，自己的育兒方式是否正確，愛孩子的方式是否合理，從而讓孩子能健康成長。

一、正確看待兩個孩子的關係

　　大寶與二寶之間有着濃厚的血緣關係，小時候是玩伴，長大後能相互扶持、依靠，是除了爸爸媽媽以外最親近的人。所以，從小維護好大寶和二寶的關係，有利於兩個孩子的健康成長。

1　兄弟姐妹的組合不同，相處有差異

　　家有兩寶的組合分為四種情況，兄弟、兄妹、姐弟、姐妹，組合類型不同，其相處也會有差異。如果家裏有兩個男孩子，那麼更多的可能是行動上的「刀光劍影」；而兩個女孩子或是一男一女的家庭，很多矛盾可能主要體現在心理上。

　　兄弟、姐妹屬同性同胞，由於性別一致，兩人在興趣點和價值觀等方面會更加相似，因此同性同胞更容易在相互交往中出現社會比較。女孩子會尤其注意同性別間的社會比較，當感到自己得到的母愛、父愛不如姐姐或妹妹時，就會產生自卑感、不安全感。除此之外，同性同胞由於經常一起玩耍，容易產生摩擦，特別是兄弟之間，更容易出現攻擊行為，因此在對待兄弟組合時，要格外注意雙方在產生矛盾時的攻擊行為，以免造成傷害。

　　兄妹、姐弟屬異性同胞，異性同胞由於性別不同，在很多地方都千差萬別，相對於同性同胞而言，他們相互嫉妒的可能性要小一些，但由於孩子在遊戲中傾向於選擇同性夥伴，而且年齡越大這種傾向越明顯，為了培養兩個孩子的感情，父母要積極促進兩個孩子在一起遊戲，尤其要引導大寶。但在日常生活中，父母應將男孩女孩區別對待，以防孩子出現性別角色混亂。

2　手足之情是慢慢培養起來的

　　哥哥就一定要照顧妹妹嗎？弟弟就一定要聽姐姐的話嗎？兄弟姐妹天生就應該相親相愛嗎？其實，手足之情並非天生，與後天的培養以及父母的正確引導是分不開的。當然，在引導過程中一定要掌握一些技巧。

♣ 相互尊重

　　培養兩個孩子之間的手足之情，並維持這份感情的前提條件是讓他們學會互相尊重。而要讓孩子之間學會互相尊重，家長有些話是不能說的，比如「你

可別學姐姐這樣貪靚」、「你可不能輸給哥哥」、「你是哥哥，你應該讓着妹妹」等。因為孩子的模仿能力很強，而父母的一言一行都會影響到兩個孩子，如果家長帶有個人感情色彩，對其中一個孩子進行批判，另一個孩子今後也會這樣做，這些話除了傷害孩子之間的感情以外，並沒有任何的益處，所以家長一定不能説諸如此類的話。

鼓勵孩子讚美對方

兄弟姐妹之間的關係是濃厚的血緣關係，誰都無法自己選擇，就像家長也不能選擇誰是自己的孩子一樣。即使再怎麼抱怨「為甚麼這個醜醜的小丫頭會是我妹妹」「為甚麼那個霸道的傢伙會是我哥哥」……也無法改變彼此之間的手足關係。如何讓孩子轉變自己的想法，把抱怨變成「有這個妹妹真不錯」、「真好，我有一個這樣的哥哥」之類的想法，是家長的責任。

父母是孩子之間的紐帶，這根紐帶還能起到溝通孩子之間感情的作用。所以，聰明的家長都會鼓勵孩子讚美對方，並讓他們聽到對方的讚美。比如，可以這樣對二寶説：「你好厲害，連哥哥也很佩服你哦！」或者這樣對大寶説：「你一定可以的，妹妹一直都很崇拜你！」……

將「我」變為「我們」

為避免大寶與二寶之間的矛盾，父母通常會盡可能地將大寶與二寶的東西分得清清楚楚。大寶有的東西二寶一定要有，以免引起二寶的嫉妒心理。其實不然！家長在購置物品時，除了衣服要分清是給誰的以外，其他東西沒有必要分得太清楚，因為很多東西都是可以公用的，如果被貼上「這是你的」、「那是我的」的標籤，會養成孩子自私的心理。

當家長把東西分得太清楚時，孩子更關心的是哪些是「我的」，而當家長沒有分清到底是給誰的，那麼孩子自然就會意識到這是「我們的」。「我」和「我們」雖然只相差一個字，但可以培養孩子將自己與兄弟姐妹看成是一個整體的意識，這有利於孩子在相處的過程中培養手足之情。

3 孩子之間的「戰爭」不可避免

兩個孩子一起成長，既是互相的玩伴，同時也創造了大量的學習處理人際關係的機會，可以說好處是相當多的。但是，家中有兩個孩子，也會出現一些讓人頭疼的問題，如兩個孩子相互爭寵怎麼辦？兩個孩子總是爭吵怎麼辦？

兩個孩子朝夕相處，難免會有吵架和爭執。這時候，期待孩子們能愉快玩耍、其樂融融的家長們往往會急得跺腳，怕孩子們因為吵架產生隔閡。其實，我們放眼周圍就會發現，無論是小孩子還是成年人，意見相左、爭執賭氣的情形都非常普遍，可以說有人際關係的地方就會有產生衝突的可能性。

小凡女士的大女兒 7 歲，小兒子 4 歲，不知道從甚麼時候開始，她發現姐弟總是動不動就吵架，你揪揪我辮子，我踩踩你的腳，誰也不讓誰。更讓小凡女士頭疼的是，姐弟每次吵完架，都會爭先恐後地向媽媽「告狀」，讓她頗感無奈，但又拿他們沒辦法。今天打完了架，第二天又繼續在一起玩耍，然後發生了一點小衝突又開始吵架。每天不斷重複這情況，讓小凡女士頭痛不已。

像小凡女士家的孩子之間吵架、打架是很正常的事情，如果能夠適可而止，倒也沒甚麼，但如果長期任其發展下去，就會傷害彼此之間的感情。所以，作為父母，對於孩子吵架、打架，不用過於緊張，但也不能視若無睹，除了做好一些必要的防範措施以外，父母應先瞭解孩子們的心理狀態，分析手足吵架的常見原因，然後仔細地反思一下，自己對孩子的教育方式和態度是否有需要改進的地方。

✿ 因身體碰觸而吵架

因身體碰觸而吵架，顧名思義就是大寶二寶吵架的理由僅僅是因為身體的碰觸。而這種碰觸恰恰是他們不喜歡的。比如，大寶只是不小心觸碰了一下二寶，但是二寶會以為大寶是在挑釁，或者覺得大寶的觸碰是在打他，這個時候二寶可能就會譴責大寶，爭吵由此開始。由於身體的感受是主觀的，很難界定一個人的

痛覺，所以只能儘量鼓勵他們提高包容度。

❀ 為爭寵而吵

為了比較誰在爸爸媽媽心中更有分量，或是誰更可愛，誰更有想法……這種爭寵之吵，常常發生在父母誇獎其中一人後，另一個孩子就蠢蠢欲動地開始他的「爭吵計劃」，準備和對方來一段因嫉妒而引發的「順口溜」。這樣的吵架，父母需要多一點勸架技巧。比如分別說明兩個孩子的優缺點，讓他們知道自己都是爸爸媽媽的心頭肉。

❀ 為了吵架而吵架

為了吵架而吵架的孩子很難讓父母摸清楚頭緒。每次兩個人的爭吵就像一場辯論賽，為了吵架而吵架，為了反對而反對。有些理由往往讓父母聽了哭笑不得，不知道該如何勸架。如「你在看甚麼？」、「沒看甚麼。」、「你明明看到了甚麼。」「我說沒有就是沒有！」、「我說有就是有！」……

以上三種爭吵原因很少「孤軍奮戰」，往往「輪番上陣」。明明一開始大寶和二寶玩得很開心，到後來卻演變成怒目而視，甚至動手動腳，很快就會有一個開始大哭大鬧，另一個緊接着也開始哭鬧。往往這個時候，爸爸媽媽會不由自主地皺眉，雙手叉腰……但是這時候要沉住氣想一想，為甚麼孩子會選擇用爭吵的方式來表達不同的意見呢？孩子之間的矛盾和糾紛，實際上是通過一些具體的行為，將自己內心世界的一個側面表現出來而已。此時，父母應該反省一下自己的日常行為，當平時遇到紛爭時，你是選擇避而不談，還是坐下來談談，或者是以爭吵的方式談的呢？不要忘了，你的一言一行可都看在孩子眼裏，會影響到孩子的言行。

其實，父母別總想着完全避免大寶與二寶之間的爭吵和爭鬥，對立和衝突不全是負能量。這可以讓他們學會處理不同的意見、學習折中，並能在情況許可的範圍內堅持己見。而且，大寶與二寶在信任和友愛的前提下的衝突，能夠增強各自在人際交往上的彈性，有助於關注和瞭解他人的感受與需要，提前適應社會。

4 適當的競爭並非壞事

養兩個孩子，父母最怕的就是孩子爭鬥不休，小的時候他們爭玩具，爭零食，爭父母的關愛；長大了他們會爭誰的成績更好，誰看的書更多，誰拿回來的獎狀更多，誰考的大學更好等。孩子爭鬥，父母應儘量做到公平公正，尋求平衡，不偏愛任何一個，因為不這樣對兩個孩子都不公平。

但是，作為父母必須承認，一個家庭的資源並不是無限的，更不可能無差別地分配給兩個孩子。父母的時間有限，經濟能力有限，孩子所能獲得的教育資源有限……有限的資源必然會導致競爭，這樣，勝利的一方就能獲得更多資源。所以，同一個家庭中的兩個孩子，如果其中一個表現得更優秀，他就比另一個孩子更有機會上好的學校，獲得父母更多的關注。

提起競爭，父母會擔心孩子因此不再互相友好關愛。實際情況並非如此，對孩子來說，競爭是他們成長中的一部分，也是他們必經且重要的過程。而且，適當的競爭有利於激發孩子自我成長的內在動力，這也是我們經常提到的「榜樣的力量」。當兩個孩子都想變得比對方更加優秀時，他們的成長必然會更快。作為家長不要怕孩子因為競爭起衝突，有競爭才有成長。雖然剛開始會感覺很麻煩，但是若不是大的衝突，父母可以讓孩子自己去解決，這樣有助於培養其容忍、獨立的品格和解決問題的能力。

我們身邊有很多家庭都是「421」結構，作為家裏唯一第三代的獨生子女自然就成了全家的心肝寶貝，捧在手裏怕摔了，含在口裏怕溶化了，甚麼事情都不讓孩子做；孩子做錯了事情，該罵的時候捨不得罵，該罰的時候又捨不得罰。然而在這樣的疼愛下，我們卻發現現在的孩子越來越嬌縱，越來越任性，而經歷挫折的能力卻大不如前幾代人。家長對孩子過度的保護和溺愛，在家庭教育中採用的是消弭競爭的教育，一旦孩子步入社會，在家庭之外的廣闊天地中接受着比較和競爭，就很難在殘酷的競爭中生存，更經不起一丁點兒生活的挫折。在這種情況下，第二胎就給了父母解決這個問題的機會。弟弟或妹妹這個天然的「敵人」出現，使大寶有了一個直接的競爭者，在與這個「敵人」的競爭中，孩子或許可以收斂他之前的驕

縱，慢慢學會如何靠自己「贏」。如大寶在哭，二寶在旁邊笑話他，他很快會意識到羞羞臉，然後就會停止哭泣，這比父母的「威逼利誘」更有效。而且，調查結果顯示，在競爭中長大的孩子，長大以後可能關係會更好。因為當回憶起過去的競爭故事時，他們能體會到更豐富的情感。

當然，所有的一切都必須建立在良性競爭的基礎上。良性競爭指的是不能為了競爭而競爭，競爭的過程以及孩子為競爭所作出的努力才是父母應該關注的，輸贏並不重要，孩子們也不需要為了贏得競爭而變得野心勃勃或者處心積慮。更重要的是，父母要教會孩子們面對成功不驕傲，面對失敗不氣餒，通過競爭正確認識並發展自己。要做到這一點並不容易，需要父母細緻的引導。這其中的關鍵在於父母對待競爭的態度。因為孩子天生就具有對優越感的追求，那麼作為父母，不需要再強調或者刻意營造家庭中的競爭氣氛，只需要讓孩子知道，每個孩子都有自己的特點和長處。對於孩子追求卓越、試圖超過另一個孩子的想法，父母可以給予肯定，但對於結果則不必過分強調，這樣就可以減輕孩子的功利心。

總的來說，父母應該正視競爭的意義，適當的競爭是一種可以促進孩子成長的有益行為，能夠讓兩個孩子更加優秀。但是在生活中，父母也要通過瞭解孩子的特點，仔細觀察孩子到底需不需要競爭，或者需要多大強度的競爭，把握好競爭的度，以免競爭強度太大，適得其反。如果兩個孩子的競爭太過激烈了，父母就需要主動調節他們的行為，以期讓兩個孩子在競爭中獲得更多的益處。

二、培養手足感情有妙招

手足是孩子學習人際互動最初的對象，也是人生長久的親密關係對象。協助孩子培養手足感情，不僅能使家庭氣氛和樂，也有助於孩子日後面對更多元的人際關係。下面我們一起來看看，有甚麼方法可以培養大寶與二寶之間的手足之情吧！

1　讓大寶二寶有更多的相處時間

大寶在面對家裏又多了一個比自己小的二寶時，作為孩子要適應這樣的變化是需要時間的。家長應該理解大寶內心的感受，不要強迫大寶立刻接受二寶。凡事都要有一個過程，而這個過程需要家長充滿智慧的引導。例如，讓大寶與二寶有更多的時間相處，一起快樂地玩耍，痛快地打鬧，能夠幫助他們建立親密的手足關係。

❖ 當爸爸媽媽的小幫手

孩子的參與意識都非常強，要想讓大寶接受弟弟或妹妹，家長可以讓大寶儘快地進入角色，讓他直接參與到照顧二寶的日常生活中來，前提是不要逼迫大寶做他不願意做的事情，以免適得其反。

作為爸爸媽媽，可以有效地引導大寶幫助二寶。除了讓大寶幫忙照顧剛出生的二寶外，等二寶有自己的獨立意識之後，還可以繼續讓大寶當爸爸媽媽的小幫手，這樣有利於讓二寶與大寶互相接受。比如：當二寶還在蹣跚學步的時候，讓大寶去保護二寶，避免二寶摔倒；如果二寶穿不好衣服、穿不上鞋來找你，你可以告訴他：「去找哥哥（姐姐）幫你穿上。」這樣有意識地創造一些機會，讓大寶去幫助二寶，不僅會讓大寶很有成就感，覺得自己是有能力照顧別人的，與此同時，二寶也會更加喜歡和崇拜大寶。

　　大多數家長可能都有過這樣的體驗，那就是兩個孩子在一起遊戲時是快樂的，這個時候兩個孩子感情更為融洽。

　　從心理學角度來看，情感是人們對現實的對象和現象是否適合人的需要和社會要求而產生的體驗，是孩子心理發展的重要方面。幼兒期是情感活動發生、發展的重要時期，而遊戲是一種積極的情感交往方式，也是幫助兩個孩子建立深厚友誼的方式。

　　有了二寶，意味着大寶就會有一個靠譜的、全天候的玩伴。雖然真正實現還需要花上1年半左右的時間，等到二寶有玩的能力，才能真正和大寶玩到一起，一開始可能會搗亂，但是遊戲的樂趣會讓孩子退一步，提高接納和互讓的包容性。大寶和二寶可以先從輪流玩的遊戲開始一起玩，不用人為地設定規則。在遊戲中，如果大寶有排斥心理，二寶也懵懵懂懂不想玩，爸爸媽媽要參與進來，做孩子之間的調和劑。

　　我們知道，與人交往的技巧並非與生俱來的，而是一種習得的能力。在衝突情境下，對孩子的交往技巧既是一種考驗，又是一次有效的練習。在每一次的衝突中，一個孩子得知另一個孩子的反饋和結果後，會無形中進行比較，逐漸學會用不同的技巧去應對不同的情境。

2　別把大寶和二寶分開

　　有了二寶後，由於爸爸媽媽的時間精力有限，有些家庭會選擇將大寶交由老人家帶。這樣做確實可以減輕父母的許多負擔，但是這樣做，對大寶和二寶都會產生不利影響。

　　小彬比小林大兩歲，當小林出生後的第三個月，媽媽因為一個人無法照顧兩個孩子，便將小彬送到了外婆家寄養，直到小彬六歲半上小學時才回到自己家。回到自己家後，哥哥小彬認為就是因為小林自己才被爸爸媽媽趕出家門的。於是事事為難弟弟，經常尋找機會「報復」弟弟。而弟弟則把哥哥小彬當成是「空降」到家中的，是來和他搶爸爸媽媽的「外人」，常常和哥哥因為一點小事鬧得不可開交。就這樣，兩個孩子一直鬧到小彬開始寄宿生活才稍稍平息，而且小彬放假期間也不喜歡待在家裏，更願意去外婆家。兩個孩子之間幾乎沒有手足之情，每次見面都像陌生人一樣。

❖ 容易引發大寶的分離焦慮

大寶離開朝夕相處的父母去往爺爺嫲嫲或外公外婆家，會引發分離焦慮。分離焦慮是指嬰幼兒因與親人分離而引起的焦慮、不安或不愉快的情緒反應。一般出現在孩子 6～8 個月大時，14～18 個月達到頂峰，然後其頻率和強度在嬰兒期和兒童期都會逐漸下降。嬰幼兒的分離焦慮分為 3 個階段：反抗階段——號啕大哭，又踢又鬧；失望階段——仍然哭泣，斷斷續續，動作的反抗減少，不理睬他人，表情遲鈍；超脫階段——接受老人家的照料，開始正常的活動，如吃東西、玩玩具，但看到父母時會表現出悲傷的表情。有時，他們甚至表現出不吃、不喝、不玩，這些平時能引起親近的人關注的行為，成了他用來呼喚父母的一種方式。由於焦慮中的孩子會把所有的注意力放在尋找親人上，所以，其他的活動可能就很難引起他的興趣了，這樣不利於孩接受新的知識。

❖ 影響大寶良好自尊的形成

孩子不像成年人，對很多問題都沒有理性的看法，他們會憑藉自己的本能反應來對待身邊發生的事，尤其是事關自己的事，他們的本能反應更加強烈。當二寶出生後，大寶移交給老人帶，在父母看起來是很正常的事情，但在大寶的眼中卻可能被理解成爸爸媽媽有了新的寶寶便不喜歡自己了，不要自己了，讓大寶有了被拋棄感，這對孩子的人格發展是不利的，很容易在大寶的心裏埋下「我不夠好」的種子，容易使大寶自我價值感、自尊感降低，喪失自信心，日後在生活中承受挫折的能力差，難以形成正確的挫折觀和價值觀。

🌸 不利於建立大寶與二寶的親密關係

良好的手足情誼、同胞感情建立的基礎是兩個孩子在一起，有共同相處的時間和空間。很多媽媽生二胎的初衷是給大寶添一個伴，而二寶出生後卻將大寶送走，非但沒有在第一時間提供給兩個孩子建立良好的情感連接的機會，還容易讓大寶嫉恨二寶，甚至厭惡父母。由於大寶對二寶產生負面情緒的首因效應，在日後兩個孩子的相處中要去彌合，需要付出更多的心力。

此外，家長還需要考慮上一代人帶孩子常見的弊端，稍微處理不好，就可能對孩子的成長造成不良的影響。俗話說「隔輩人疼隔輩人」，經歷過艱苦歲月的很多老人家都會有一種補償心理，他們會想着將自己無法給子女的優越生活全數轉移投射到第三代人身上，而這種寵愛往往很容易變成毫無原則的遷就和溺愛。而且，在照顧孩子時，祖輩們包辦替代的程度要明顯高於父輩，這種看似對孩子無微不至的照護，卻嚴重阻礙了孩子獨立能力的發展，使他們一遇到困難就失去信心，只會叫喊着等待別人幫忙，不會嘗試、鍛煉，只會哭鬧和發脾氣。有些老人思想比較傳統，接受新生事物較慢，這也就導致了她們教育及養育觀念相對落後，而且多年形成的思維模式和生活方式不容易改變，使得他們帶孩子的時候難免發生與時代脫節的問題。

若是自己的精力不夠，可以請父母來家裏幫着帶一下孩子，這不失為一個好的選擇。但將大寶全權交給老人帶，這是一種很不負責任的做法，不僅對大寶的成長沒有好處，也不利於孩子之間手足之情的培養。

3　和孩子們一起玩親子遊戲

爭先爭贏是人的天性，沒有誰願意當輸家。然而，不是所有的事情都應該爭輸贏，也不是每次都會贏，面對孩子「不願意接受輸」和「輸不起」的心理反應，家長可以通過遊戲、家庭教育得以調整。

全家一起玩遊戲，可以讓孩子習得合群的技巧、獨立解決問題以及共同解決問題的能力。兒童專家提倡全家一起玩需要長時間的「激戰」的遊戲，這種遊戲需要過關斬將，需要計分，這種遊戲設置可以讓孩子體會到：起步晚沒關係，贏在終點才是勝利！同時，也可以在一家四口共同參與的遊戲中，學習接受當一個輸家。這樣可以幫助孩子增強在競爭環境裏承受失敗的能力。

皓皓是一個很看重輸贏的孩子，妹妹玲玲因為有一個令人驕傲的哥哥而感到有點自卑，很多方面哥哥做得越優秀，玲玲越缺乏興趣，譬如學習。媽媽發現這一情況後與爸爸商議，不管每週有多忙，都要進行一次全家總動員的遊戲。

全家一起玩遊戲的時候，爸爸媽媽總是喜歡讓皓皓宣佈遊戲規則，而且鼓勵皓皓反復地說，直到妹妹玲玲聽懂為止。在遊戲開始之前，爸爸媽媽會讓皓皓教妹妹如何玩。而當妹妹面臨「要輸」的局面時，爸爸媽媽會提醒皓皓：「妹妹好像不知道該怎麼辦了」、「你玩得這麼好，有甚麼建議給妹妹嗎？」。每當這個時候，皓皓總是毫不吝嗇自己的想法，耐心細緻地告訴妹妹解決之法。對於妹妹而言，來自「對手」哥哥的開導，貌似比爸爸媽媽出馬更有效。玲玲漸漸地從不能以平靜的心情學習，到開始在學習中主動求教於哥哥。皓皓漸漸地也不注重遊戲的輸贏了，不再是剛開始贏了遊戲得意洋洋的樣子，輸了遊戲也能很快從沮喪的情緒中走出來了。

兩個孩子在家庭遊戲中有這麼大的改變，爸爸媽媽覺得很欣慰，所以每週都會舉行家庭遊戲，以便發現孩子的問題後通過遊戲的方式及時解決。

在遊戲的過程中，父母也可以講述自己多次失敗的案例，因為家長對待挫折與失敗的反應，也會影響到孩子的態度。下面介紹幾個適合全家一起玩的遊戲，幫助一家四口的關係在遊戲中更加融洽。

♣ 角色扮演

角色扮演是讓孩子們在虛擬的世界裏體驗各種角色、規則、環境、情緒。遊戲中首先是角色分配，其次就是按角色和故事情節去揣摩和模仿角色的情緒。經常玩扮演遊戲，容易瞭解他人的情緒和心意。

推薦遊戲：過家家

「過家家」的規則是動態的，遊戲過程中因扮演的角色不同而有不同的規則。家庭成員分別扮演與現在身分不一致的成員，如爸爸、媽媽、孩子、寵物、傭人、朋友等，利用簡單的道具（也可不用），模仿成人日常家庭活動。如：做飯、照顧孩子、結婚。在此過程中，爸爸媽媽只需要聽孩子指揮就好。直接參與生活過程是認識生活的良好方式，所以，只要有機會，盡可能讓孩子參與沒有危險性的生活過程，比如購物、掃地、洗衣服等，在這些生活過程中，家長要幫助孩子以角色遊戲的方式參與。

❤ 運動遊戲

運動遊戲要等二寶上了幼兒園之後再開始玩比較好，因為此時社會性、規則性，特別是能力的差距不是那麼大了。要是其中一個太小，則容易被手腳是否靈活、移動是否方便這些體質上的差距所羈絆，會讓遊戲很難進行下去。

推薦遊戲：鐵人三項

將家庭成員分成兩組，兩名組員一起做大象鼻子轉圈轉 5 圈，然後綁腿進行兩人三足，從轉圈的起點奔跑到客廳另一頭，在終點一起深蹲 10 次，用時最短的那一組獲勝。此項遊戲不僅可以鍛煉身體，還能培養家庭成員之間的默契。

❤ 數學啟蒙遊戲

給孩子啟蒙數學，其實多早都不算早，不一定要等到他 1 歲半了，或者 3 歲了，或者更大才開始。如果能抓住機會，從小就對他進行這方面的點撥，並以寓教於樂的方式，結合生活的各個環節幫助孩子感知數學，那麼，會對以後孩子數學思維能力的培養產生事半功倍的效果。撲克牌可以玩出很多種數字遊戲，作為學具可以有更多的玩法。

推薦遊戲：24 點

將一副牌中抽去大小皇后還剩下 52 張，任意抽取 4 張牌（也可以每人手中先發 13 張牌，每人任意抽取一張牌出來），用加、減、乘、除（可加括號）把牌面上的數算成 24，每張牌必須且只能用一次。開始時，父母要稍稍放慢計算速度，以鼓勵孩子，讓孩子多點樂趣和自信。等孩子學到了分數、開方等新的運算方法後，還可以用來演算。這種遊戲對數學計算速度和心算能力的提高大有幫助。

4 放手讓孩子們自己玩

父母千萬不要過度干涉孩子們的遊戲，即使要干涉，也要以幫助孩子開拓新的功能性遊戲為目的進行干涉。如數學學習遊戲、古詩背誦遊戲，父母可以自己先玩，引起孩子們的注意，引導他們參與。一旦孩子接受，並當成是自己願意主動玩的遊戲後，父母儘量少參與。

不干涉兩個孩子的遊戲

在孩子自己玩的過程中，爸爸媽媽不去干涉他們，是為了不讓孩子覺得沒有自由、不平等的感覺。父母的知識和能力與孩子不在一個級別，有些遊戲太小兒科，父母需要刻意地裝笨，敏感的孩子會察覺到，進而會打擊他們的自信心。而且有的父母喜歡在遊戲中指手畫腳，剝奪了孩子自主思考與動手的權利，這樣會使孩子越發不自在。

讓遊戲發揮更大的作用，需要孩子自己去探索，無論遊戲是純屬娛樂，還是可以幫助智力開發，都需要孩子在遊戲中無拘無束地玩。因為研究發現，只有在完全放鬆的前提下，想像力和表達力才能得到更好的發揮。所以在兩個孩子自己玩的時候，父母做一個觀察者，才更有利於孩子的成長。

讓孩子在遊戲中學會分享

遊戲是其樂無窮的，在兩個孩子玩耍的同時，不僅能提升自身的能力，還會在不知不覺中學會分享。

分享遊戲材料。孩子在開展各種遊戲活動時，經常要用到一些遊戲材料。如果只有一個會玩，大寶會很樂意地告訴二寶如何使用。當遊戲材料缺乏、不能人手一份時，就會衍生出「輪流玩」的分享方式。

分享遊戲時的情感。在一些換位思考的遊戲中，可以讓孩子體驗別人的情感，設身處地為別人着想，樂別人之樂，憂別人之憂。讓孩子有機會站在他人的角度去感受他人的情感處境，使孩子逐漸認識到，得不到的心情是難過的、痛苦的，與別人分享可以使人快樂，明白分享會給大家帶來團結、快樂和友好。

❖ 適合兩個孩子一起玩的遊戲

得知了孩子們自己玩的好處，是不是迫不及待想讓他們自己玩了呢？適合兩個孩子玩的遊戲有很多，下面介紹幾個常見的遊戲供爸爸媽媽們參考：

躲貓貓。先選定躲藏的範圍，一個孩子蒙上眼睛，另一個孩子在規定的時間內躲藏，接著由蒙上眼睛的孩子開始尋找另一個孩子。

看圖搭積木。兩個孩子分別坐在桌子的兩邊，一個看圖片描述積木的位置，另一個根據描述來搭，看最後搭的是否和圖片一樣。這個遊戲可以培養孩子的表達能力和理解能力。

層層疊。拿 3 根積木堆成一層，交錯疊高成塔（或者其他形狀）。兩個孩子輪流從金字塔上一塊一塊地抽積木（不許拿最上面的一塊），誰把金字塔弄倒了，誰就輸了。本遊戲能鍛煉孩子的手眼協調能力及意志力，而且能培養平衡感。

水果蹲。讓兩個孩子自己給自己取水果的名字，先各自取一個，如大寶取名為香蕉，二寶取名為蘋果。從大寶開始的話，大寶邊下蹲邊説：「香蕉蹲，香蕉蹲，香蕉蹲完了蘋果蹲」，接著二寶也要邊下蹲邊説：「蘋果蹲，蘋果蹲，蘋果蹲完了香蕉蹲」。等大寶和二寶適應遊戲規則後，遊戲升級，每人各自取 2 ～ 3 個水果名，開始水果蹲的遊戲。這個遊戲可以鍛煉孩子的反應能力。

輪流數數。兩個孩子開始學習數數就可以進行這個遊戲。開始時可以將數字「5」作為炸彈數字，一個人一個數，從 1 數到 10，誰數到「5」的時候不能將「5」念出來，只能用拍手來表示。拍手的動作也可以用其他方式代替，當孩子接觸的數字多了，可以給這個遊戲增加難度，不僅單個數字是炸彈數，以這個數字為位數的數以及這個數字的倍數也可以是炸彈數。這個遊戲能強化孩子對數字的敏感性。

⑤ 讓孩子們享受分開玩的樂趣

網絡流行語「我想靜靜」曾風靡一時，其原意是説每個人都需要個人空間。面對生活的紛繁複雜，成年人需要單獨的空間理清頭緒，那孩子呢？孩子需要個人空間嗎？就像玩耍，是不是兩個孩子要始終在一起玩耍呢？

✤ 不強迫兩個孩子在一起玩

父母要知道，不是所有的遊戲都適合大寶和二寶一起玩，不是所有的時間大寶和二寶都能玩得來。兩個孩子各自的個性、性別、發展差異，都是決定他們能否玩到一起去的因素。所以，家長不必強迫兩個孩子一定要一起玩耍，特別是兩個孩子年齡差距較大的，大寶未必喜歡跟二寶玩。

此外，父母要學會尊重孩子的意願，分開玩也沒甚麼，哪怕是父母自身也需要有自己的獨處時間。

✤ 確保孩子有自己的私人空間

研究表明，孩子在自己的私人空間裏可以得到更好的鍛煉。孩子對周圍的一切都充滿了好奇，他們經常會全身心地投入到一些成人看來也許很無聊的事上。如果讓他專注完整地做完他想做的事情，孩子就會有持久的專注能力，逐漸變成他自身具有的品質。孩子的專注力不是被培養出來的，是被保護出來的。請保護孩子的專注力，讓孩子從容地做完他投入去做的一項「工作」。

當兩個孩子分開玩的時候，家長可以陪伴在側，但是不能打擾。

6　分享大寶的衣物、玩具，要先徵求他的意見

在生二胎的問題上，經濟成本是一個繞不開的話題。為了節約，有些媽媽會將大寶穿不了的衣服、不再玩的玩具保存好，留給二寶使用。這是一個節流的好方法。但是這些物品的所有者是大寶，在分享大寶衣物、玩具的時候，是不是該徵求大寶的意見呢？

小張家有兩個女兒，大女兒已經上小學，小女兒在上幼兒園小班。最近妹妹在玩姐姐以前留下的蠟筆時，把好幾隻筆芯弄壞了。姐姐看到很心疼，兩個女兒吵了起來。小張勸姐姐：「你是姐姐，就讓讓妹妹吧，這盒筆反正你都不用了……」沒想到話沒說完，姐姐就大哭起來「憑甚麼我是姐姐就要讓着她。我的衣服要給她穿，我的玩具要給她玩，我的筆要給她弄壞，我的東西都變成她的了，你們問過我的意見了嗎？」

很多家長明知道拿別人的東西之前需要説一聲這一基本的禮儀，但是在拿大寶的所有物之前，卻不徵求大寶的意見，其實，徵求他的意見，是對大寶起碼的尊重。

家有兩寶，一方面父母要對孩子們要多一些尊重和理解；另一方面也要盡力避免可能引發的衝突，比如小張家的情況，如果一開始能夠徵求大寶的意見，就沒那麼容易引起矛盾了。

你的這些衣服小了，能送給弟弟嗎？

7 安撫大寶情緒，減少手足爭吵

很多父母發現，即使二寶出生之前給大寶做了很多思想工作，讓大寶接受了二寶即將到來的事實，但是二寶真正到來之後，大寶還是有明顯的排斥，而且，在很多孩子鬧矛盾、打架的案例中，大部分都是大寶挑起來的。其實，這並不是大寶的錯，而是一些特定的因素造成的。因為二寶的到來往往會讓大寶產生一些誤

解，覺得自己的地位受到了威脅。在這種情況下，為了發洩自己心中的不安，大寶會經常對二寶使小性子、耍脾氣等。

在孩子看來，父母的愛是一種非常「有限」的「資源」。為了能從父母「有限」的「資源」中獲得更大的「份額」，兄弟姐妹之間也會互相競爭。尤其是大寶，往往會把二寶視為搶奪父母之愛的「敵人」。因此，安撫好大寶的情緒，能有效地減少手足之間爭吵的次數。那要怎樣安撫大寶呢？

♣ 安排陪伴大寶的專屬時間

媽媽要照顧新生的小生命，對大寶的關注難免會有所減少。與其因為忙於照顧二寶，對大寶心懷愧疚，不妨換一種思路，每天讓大寶有單獨和爸爸媽媽相處的時間，相處的時間不用太多，每天 1 個小時就足夠了，重質不重量，給予大寶高品質的陪伴。這個時間是專屬大寶的，在這段時間裏爸爸媽媽可以和大寶一起講故事、搭積木、散步、看兒童劇、做手工等。放下生活中的瑣事，真正地和大寶玩在一起，關注孩子，讓孩子能真真切切地感受到爸爸媽媽對自己的愛。此外，父母們可別因為大寶長大了，就忽略對他的親吻和擁抱，別忘了他仍然是你們愛的大寶，依然需要父母的疼愛。

高質素的陪伴有下面幾個要素：

1 如果孩子在獨立的「工作狀態」中，沒有陪伴的需求，那麼父母的陪伴很可能會破壞孩子的專注。比如孩子在拼拼圖，如果你在旁邊時不時地跟他說說話或者出言指點，這都會打擾到孩子，影響孩子的專注力。

2 如果孩子要求陪伴，那麼父母就應以主動的態度和孩子互動，用心陪同大寶。

3 切忌「身在曹營心在漢」，如果在陪伴大寶，就應該全身心投入。比如，不要一邊陪大寶玩着親子遊戲，一邊時不時抬頭看看二寶的情況，孩子都很敏感，能感受到爸爸媽媽的狀態。

讓大寶學着理解二寶

有句話説得好：「大寶看着父母的背影長大，二寶則是看着大寶的背影長大的。」二寶從小的模仿對象就是大寶，經常是大寶玩甚麼二寶也想玩，大寶吃甚麼，二寶也想吃，而這往往也是手足之間常見的吵架原因之一。年紀小的弟弟或妹妹對於想要的東西往往會直接上手去拿、去搶，很容易引發大寶的怒火，覺得弟弟或妹妹為甚麼老是喜歡搶他的東西。此時，父母應該讓大寶理解二寶對他的崇拜之情。

同時，家長還應該給大寶充分表現的機會，在生活上，讓大寶學會照顧二寶；遊玩時，讓大寶帶着二寶玩；學習時，讓大寶教二寶。大寶擁有更多表現自己的機會，他的內心得到滿足，對二寶也就不會那麼計較了，心態上平衡了，手足之間吵架的概率自然就會少了。

家有兩寶，如何保持兩個孩子之間的平衡，不是件容易的事兒。兩個孩子之間難免存在各種競爭，競爭爸爸媽媽的愛與關注，衣食住行每一樣都可能引起孩子的競爭。此時，如果能讓大寶理解二寶需要佔據爸爸媽媽那麼多時間的原因，那麼，大寶也會對二寶多一分理解。父母可以對大寶説「弟弟（妹妹）剛來到這個世界，沒有照顧自己的能力」「你小的時候，媽媽也是這樣照顧你的，現在輪到弟弟（妹妹）了」。這些話語會讓大寶知道，照顧孩子是需要花大量時間和精力的。這樣，在得到自己的專屬時間後，他會很樂意將爸爸媽媽「讓」給弟弟或妹妹，因為弟弟或妹妹更需要爸爸媽媽。這樣，會減少大寶與二寶之間的矛盾。

8 讓大寶當二寶的「老師」

兒童教育專家指出，孩子都有表現欲望，而且隨着年齡的增長，表現欲會越發強烈。譬如孩子在剛上幼兒園的時候，放學回家經常興奮地向父母講述自己今天又學了甚麼，經歷了甚麼，這就是表現欲的驅使。讓大寶當二寶的「老師」，其實就是利用大寶的表現欲。

大寶在學校的時候，或多或少對於老師的權威都有一定的崇拜。而到了家中，如果可以讓他在弟弟或妹妹面前扮演老師，樹立一定的權威，這更會讓大寶甘之如飴。而從二寶的角度來説，能

夠參與到哥哥或姐姐的學習當中，即使是以學生的身份，也會讓二寶產生一種「哥哥（姐姐）甚麼都帶我玩」的感覺，這種感覺一旦產生，二寶便會發自內心地崇拜大寶，願意跟隨大寶。

因此，如果大寶已經到了上學的年齡，而二寶正好是接受早教的年齡，那就可以把大寶拉進對二寶的教育當中來，讓他以「小老師」的身份參與進來，不僅會給二寶的早教帶來便利，也會增進兩個孩子之間的感情。

5歲的軒軒有一個上小學二年級的哥哥，每次哥哥回家，軒軒最喜歡做的事情就是纏着哥哥問他一天的經歷，哥哥大多數情況下可以耐心地給軒軒講學校發生的事情。軒軒除了喜歡和幼兒園的小夥伴一起玩耍外，很不愛在幼兒園學習，很少認真聽老師講課，因為表現不好，得到的小紅花很少，軒軒越發不喜歡在幼兒園上課。媽媽覺得既然軒軒這麼喜歡哥哥，哥哥也很有耐心，何不讓哥哥當弟弟的「小老師」，給軒軒啟蒙呢？説幹就幹，媽媽先找哥哥溝通，詢問哥哥是否願意當「小老師」。得到肯定的答覆後，媽媽又跟軒軒説讓哥哥教他，軒軒表現得很開心。接着，媽媽網購了小黑板、粉筆等教學用具，將客廳一角收拾出來擺放好，開始了「小老師」每日晚飯前半小時的教學活動。神奇的是，每次哥哥教軒軒學習，軒軒都很認真聽課，對於「小老師」的提問也積極回答，不懂的地方也會詢問。軒軒的進步突飛猛進，多次獲得老師表揚，小紅花也越得越多，有時候哥哥的管教比媽媽和爸爸還管用。哥哥的改變也很大，邏輯思維越來越縝密，看問題的角度也發生了變化。而兩個孩子之間的感情也越來越親密。

軒軒媽媽的做法收到了很好的效果，促進了兩兄弟共同進步的同時，還拉近了兩兄弟的感情。不過需要注意的是，雖然可以讓大寶來當「小老師」，家長卻仍需要在一旁做好輔助工作。有兩個方面需要父母的輔助，一個是維護「小老師」的權威，還有一個是不要讓大寶對二寶進行體罰。

二寶畢竟還是小孩子，大寶在給二寶當老師的時候，不免要應付小孩子的沒耐心、耍賴等問題，遇到這種情況，父母要樹立大寶的權威，讓二寶尊重大寶，只有這樣，才不至於讓大寶失去耐心。而大寶在教二寶的時候可能出現的問題就是體罰，如果父母發現大寶在教導二寶的時候有體罰的行為出現，或者有類似責罵、埋怨這類傾向，那就要及時去制止，要給大寶講清楚不能體罰二寶的原因，讓他明白老師應該愛護學生的道理。

9 關注大寶，警惕「熱心」假象

當看到大寶自然而然地接受了二寶的到來，表現得跟二寶很有愛，讓父母很欣慰的同時，要多關注一下自己不在旁邊時大寶與二寶相處的場景。如果大寶真的表現得非常喜歡二寶，那當然好，但這並不意味着嫉妒就不會存在。因為，在與二寶的「過招」中，大寶的嫉妒表現方式多種多樣，除了排斥二寶、欺負二寶，或自己出現退化行為外，他有時還會表現出與前面相反的表現形式。如果家長被大寶的「熱心」假像所迷惑，就不利於疏導大寶的嫉妒心理，更不利於培養兩個孩子之間真正的手足之情。

恬恬在爸爸媽媽眼裏是非常懂事的孩子，在恬恬 5 歲的時候，家裏迎來了二寶，恬恬表現得很喜歡弟弟的到來，在爸爸媽媽面前，恬恬對弟弟的照顧可以說是無微不至。在這種情況下，恬恬媽媽認為自己根本沒有必要擔心恬恬會嫉妒弟弟。後來，恬恬媽媽發現只要恬恬與弟弟單獨相處，弟弟就會哭鬧，開始不以為意，以為只是恬恬不會哄弟弟而已。直到有一次，恬恬媽媽路過恬恬臥室的時候，發現恬恬正用力地抱弟弟，直到把弟弟勒得哭起來。這個發現讓恬恬媽媽有些措手不及，原來喜歡弟弟的恬恬怎麼會變成這個樣子？

對於爸爸媽媽來說，不管大寶的情緒是否表現出來，都要認真對待大寶對二寶的這種既愛又嫉妒的情況。心理學家認為，大寶對二寶過度熱心是應付緊張的另一種表現方式。其根源仍然是那種既喜歡又嫉妒的複雜情緒的強烈體現。這種強烈的情緒有時很長一段時間後才會表現出來，要麼大寶的表現會退步，要麼大寶會對二寶或家人發脾氣。作為父母，既不能視而不見，也不能強行壓制，而應該積極引導，要明確地告訴大寶，在父母心目中他的分量並沒有因為有了二寶而有所改變。

10 培養大寶當哥哥或姐姐的自豪感

人一旦對某件事情產生自豪感，就很容易自發形成對這件事情的熱愛。培養大寶當哥哥或姐姐的自豪感，有助於大寶與二寶之間的融洽相處。

自豪感是人們在進行自我評價的過程中，發現自己的價值特性優於他人的價值特性時所產生的一種心理。這一過程中，首先必須選定一個參照物，通常選定某個比較親近、現實、具有較大利益相關性的他人作為參照物。對於大寶來講，面對爸爸媽媽及祖輩等親屬們，幼小的他們很難在自我評價過程中發現自己比大人更具優勢的地方。但當二寶出現在家庭生活中之後，他會自然而然地成為大寶自我評價過程中參照的對象，這也就為培養大寶的自豪感提供了天然的良好基礎。所以，在二寶來到家庭生活中之後，正是培育大寶當哥哥或姐姐的自豪感的有利時期。

行為強化是心理學的基礎理論之一，在家庭教育中，家長可以通過正強化手段有針對性地對孩子的行為進行強化，以促進孩子產生良好行為。在兩個孩子共同生活的過程中，爸爸媽媽應該有意識地引導大寶參與照顧二寶的工作。照顧二寶的過程也是大寶自我意識發展的重要過程。

強化的兩種類型

強化類型	正強化	負強化
強化方式	給予一個正面刺激	去掉一個負面刺激
強化手段	為建立一種適應性的行為模型，運用獎勵的方式，使這種行為模式重複出現。	為引發所希望的行為的出現而設立
強化行為	當大寶做出照顧弟弟或妹妹的行為時，對大寶給予獎勵。	當大寶做出照顧弟弟或妹妹的行為時，減少大寶不喜歡的刺激。

在這一過程中，爸爸媽媽必須給予大寶積極的引導和及時的鼓勵、表揚，強化大寶作為哥哥或姐姐的自豪感。不過，必須提醒爸爸媽媽的是，表揚也要有辦法，不能亂誇，否則只會起反作用。

11 正確表揚，避免嫉妒

相信很多家長都對二寶降生後兩個孩子的相處狀況做過很多的設想：兩個孩子雖然偶有爭執，但總的來說還是其樂融融的。然而實際的情況總會比當初設想的要複雜得多。家長極有可能會遇到這樣的狀況：表揚了一個孩子，另一個孩子卻表現出明顯的生氣或不愉快，甚至出現哭鬧的情況。家長在面對孩子這種表現時，往往會產生失望的情緒，認為孩子不懂事，只是一味地要求孩子不許胡鬧，這越加傷害了孩子。

🍀 瞭解為甚麼

要明白事情的本質。孩子的這種行為是在表現他的嫉妒心理，即當孩子看到他人某些東西比自己強，自己當時無法擁有或勝過時，產生的一種不安、煩惱、痛苦、敵對、怨恨並企圖破壞他人優越狀況的複雜情感。

要明白事情的緣由。父母要知道孩子為甚麼會產生嫉妒心理。研究表明，只有處於同一競爭領域的兩個競爭者才會有嫉妒行為和嫉妒心理。兩個孩子都渴望得到父母的關注、愛護和表揚，這是他們所處的共同環境。而在這個共同環境中，當其中一個孩子獲得父母的表揚時，另一個孩子會有一種競爭失敗的感覺，很容易產生嫉妒心理，往往表現為不高興、不服氣。此外，嫉妒源於某種被破壞的優越感。人只有在自己具有優越感，並被別人超越時才會產生嫉妒。例如，當孩子看到別人的父母抱自己的孩子時不會嫉妒，但是當自己的父母抱其他孩子的時候就不樂意了。這種情況的嫉妒容易在大寶身上產生。本來大寶覺得二寶的出生或多或少分走了父母的愛，當父母表揚了二寶後，大寶更會覺得二寶的出現破壞了自己長久以來的優越感，因而產生嫉妒心理。

🍀 找到解決之道

父母對孩子的表揚，在內容上要有具體所指。例如，孩子幫助父母做家務，簡單地以「你真乖」來表揚是不妥當的，這會讓另一個孩子覺得「難道我就不乖嗎」，從而產生不服氣的情緒。家長應該將表揚的內容聚焦在具體事情上，如「你幫媽媽收拾了餐盤，讓媽媽輕鬆了很多。」這種表達方式不但對被表揚的孩子的行為是一種強化，而且在另一個孩子聽來，這種表揚是針對正確的行為，而非具體的人，可以在一定程度上緩解他對同伴的嫉妒。

讓孩子也參與表揚的行為。當家長表揚一個孩子的時候，另一個孩子會有種排斥的感覺，從而產生不快，因此讓另一個也參與表揚的行為可以較好地避免這種情況。如「你看，弟弟將書桌收拾得乾乾淨淨，我們是不是應該表揚一下他呀？」

當然，以上的方法不能完全消除孩子的嫉妒心理，但家長也不必為此憂心。因為往往孩子表現出的敵意，不是因為他真的討厭另一個孩子，而是單純出於嫉妒而表現出的直接對抗行為，因此，家長不必擔心兩個孩子之間感情不好，不夠團結友愛。面對孩子的嫉妒心理，首先應該瞭解孩子嫉妒的起因、傾聽孩子的想法，然後幫助孩子正確宣洩因嫉妒產生的不良情緒，並在平時的生活中注意培養孩子樂觀豁達的性格。

12 引導二寶尊重和崇拜大寶

　　孩子不和的根源常常是在二寶很小的時候就埋下的，與其在事情出現後設法補救，還不如在事情沒有出現之前就開始預防。

　　菁菁家的兩個孩子不知道怎麼回事，一開始是姐姐嫌棄妹妹，經常有事沒事就欺負妹妹；而隨着妹妹逐漸長大，也開始厭惡姐姐，經常趁姐姐不注意弄壞姐姐的東西，還趁姐姐睡覺時揪姐姐的頭髮。姐姐兒童節有安排表演節目，前一天晚上將演出服帶回家，妹妹趁姐姐不注意把洗好的衣服扔進了放滿水的浴缸裏，姐姐發現了暴跳如雷，抓住妹妹就揍屁股。看着如同大人一樣勾心鬥角的姐妹，菁菁和老公既生氣又心酸。

　　姐妹之間從小反目，這是許多家長始料不及的。如何才能緩和兩個孩子之間的關係呢？兒童教育學家認為，可以用的方法有很多，其中讓二寶崇拜大寶是效果比較理想的方法之一。小孩子在成長過程中都有模仿和崇拜的傾向，作為大寶，當二寶出現在他身邊的時候，二寶若能夠以一種崇拜、尊敬的低姿態來對待他，那麼他自然就會愛護二寶。

　　對大寶表現出崇拜之情的二寶，會讓大寶體會到支配的成就感，而在這種成就感之下，大寶會在內心產生一種照顧對方的責任感。生活中我們不難看到有小哥哥哄小妹妹，其耐心程度甚至比媽媽還好，這就是責任感在起作用。而這種責任感的前提就是妹妹要崇拜和尊重哥哥。如果妹妹一直都對哥哥表示出厭煩和不屑，那麼用不了多久，哥哥的責任感也就消失了，畢竟小孩子是沒有耐心的。那家長應該怎麼做呢？

　　做父母的要有意識地在二寶的成長過程中培育他對哥哥或姐姐的尊重和崇拜感，經常當着他的面誇一誇哥哥或姐姐做得好的方面，或者對於大寶而言很難做到的方面，讓他像哥哥或姐姐那樣去做。在潛移默化中，二寶就會崇拜和尊重哥哥或姐姐了。

　　小孩子都有崇拜的需要，既然可以崇拜別人，那麼自然可以崇拜自己的哥哥或姐姐，因此，聰明的父母應該用點滴的行動把兩個孩子捆綁在一起，例如在二寶看動畫片的時候，讓大寶充當講解員。這樣一來，二寶離不開大寶，大寶也不會討厭崇拜自己的二寶，無形之中就幫助父母省去了很多麻煩。

13 讓二寶甘居「老二」的位置

　　兩個孩子之所以相處不好，除了大寶對二寶懷有嫉妒的情緒欺負二寶外，還有一個很重要的原因，那就是二寶不甘心當「老二」，非要與大寶爭個高低。原因很簡單，就像大寶會羨慕和嫉妒二寶得到父母更多的呵護一樣，二寶也羨慕和嫉妒大寶的「老大」位置，認為只要自己當上「老大」，那就可以出盡風頭了。

　　媛媛今年 4 歲，她有個 6 歲的姐姐，每到晚上就是媽媽給小姐妹講故事的時候。媛媛偏愛聽童話故事，姐姐更喜歡聽寓言故事。為了體現公平，媽媽定了一個規矩：週一、三、五給媛媛講童話故事，週二、四、六講寓言故事。姐妹覺得媽媽的規定很合理，沒有提出甚麼異議。然而，到了週四晚上，媛媛卻耍賴，還要聽童話故事。姐姐一聽，當時就氣壞了：「你怎麼說話不算數？」說完之後就沉默了。媽媽正準備調停，姐姐下床在桌上拿了一本《西遊記》連環畫，對媛媛說：「你這個臭妹妹！先說好，今天媽媽給你講童話故事，接下來的兩天該給我講寓言故事了。」說完，就去隔壁找爸爸去了。媛媛得逞了，對媽媽說：「媽媽，姐姐剛才很惡哦！為甚麼我不是老大，如果是，我就可以罵她了。」「只要她有做得不對的地方，你也可以罵她啊！」媽媽說道。「不能惡，她是姐姐，罵她了就不會在幼兒園幫我撐腰了。」媛媛鄭重其事地說道。媽媽笑了笑，邊驚奇於媛媛敏銳的感知力，邊給她講起了故事。

　　其實，不用父母說，有些時候二寶也會清楚，雖然平時哥哥或姐姐會欺負他，甚至對他很惡，但在關鍵時候，哥哥或姐姐還是會先想到他，並讓着他，還能保護他，因為他是「老二」。父母還可以讓二寶知道，當「老大」並沒有想像的那麼好。雖然「老大」可以出風頭，但吃的虧也不少，而且容易成為眾矢之的，只要稍微犯一點錯誤，就會受到大家的指責。將這個「秘密」告訴二寶後，相信他一定會甘居「老二」的位置。

14　把兩個孩子當成一個整體對待

隨着二孩政策的開放，越來越多的人開始加入二胎大軍的隊伍，而他們選擇再生一胎很重要的原因就是他們自己作為獨生子女時，在成長過程中感到孤單，而且自身又有諸如以自我為中心的弊病。

熹熹以前是家裏的獨生女，現在的她是一雙兒女的媽媽，兩個孩子在一定程度上彌補了熹熹對自己沒有兄弟姐妹的缺憾。然而，如何協調好兩個孩子之間的微妙關係，卻又成為困擾熹熹的一個新問題。熹熹的兒子 7 歲，已經過了黏人的年齡，自從 5 歲以後都不肯讓熹熹抱。但自從妹妹能說話後，時不時地對媽媽說「抱抱」，兒子也會過來爭抱，熹熹不得不將兩個孩子都抱起來。熹熹覺得應該是女兒的那聲「抱抱」是「導火線」，點燃了兒子心中的小情緒，而這個小情緒裏面，有很大的比重屬負面成分。針對兒子的小情緒，熹熹曾經採取過說教、勸導等方式，但效果多不理想。這讓熹熹感到很無奈，實在不知道該怎麼幫兒子化解這種既影響他自己成長，又影響兄妹之間感情的小情緒。

跟熹熹一樣迷茫的媽媽還有很多，那麼，對於獨生一代的年輕父母來說，在生育了二寶之後，應該怎麼做，才能平衡大寶與二寶的心態，並協調好他們之間的關係呢？

兒童教育專家在對家有二寶的家庭進行調查後發現，很大一部分家長在教育兩個孩子時，並沒有意識到把兩個孩子當成一個整體，而是相當於養了兩個獨生子女。針對這種現象，專家認為，這就是二孩家庭教育問題的根源。所以，如果家長能夠整合好孩子的關係，從整體上考慮問題，就能起到事半功倍的效果。孩子其實是渴望成長的，在二孩家庭中，大寶比二寶更早進入新的成長階段，如果引導得好，大寶就可以帶動二寶。所以，家長應該將孩子們視為一個整體，這樣就可以很好地利用家庭的教育資源，不但有益於孩子的身心成長，還有助於培養手足之情，減少爭吵和摩擦。

15 深感情可以用小儀式慢慢培養

提到儀式，很多人往往就把它同繁瑣掛起來，總想逃避這些麻煩的儀式。但是，我們是不是抓錯了重點？因為重要的不是儀式本身，而是舉行儀式時心中要懷有真摯的感情。對家庭而言，很多說教或者設想遠不如一起去做一件事情，家庭教育需要儀式。而且，如果只是增加家庭中的小儀式就能加深家庭成員彼此的感情，那何樂而不為呢？例如，可以規定家裏的每位成員在離開家之前都要和家裏人告別，打聲招呼，告知去向，回來要向每個人問好，就如《弟子規》中講述的「出必告，返必面」一樣，這樣不僅能瞭解家庭成員的動向，也可以表達對家人的尊重。在家庭生活中，父母有意識地營造一些儀式感，會讓孩子更好地感受到家人之間的相親相愛。

慕青家的大女兒菁菁愛睡懶覺，而小兒子蔚蔚每天都醒很早，慕青就將早上的「叫醒服務」當成了一個小儀式，為已經上學的女兒和才1歲的兒子多創造相處的機會。每天，菁菁會睡到弟弟叫起床，蔚蔚儼然成了菁菁的「專職小鬧鐘」。只要一將蔚蔚放在姐姐的床上，他就立刻朝姐姐的被窩爬過去，抓抓姐姐的頭髮、撓姐姐的鼻子和眼睛，最終將姐姐鬧醒，然後姐弟倆就會在床上玩耍，姐姐摟着弟弟在床上滾，弟弟努力往姐姐身上爬，有時候兩個孩子會蒙着被子藏一會兒，臉貼臉，頭頂頭，親密無間。

身為父母，看到慕青家的場景，都會感受到愛是那麼的溫柔動人。有的家庭要等全家人都上桌才開始吃飯，有的人將讀睡前故事作為固定的節目，有的每年暑假都會一起旅遊……將這些生活小事作為專屬的儀式固定下來，成為每日生活的一部分，不僅能讓孩子感受到快樂和家人之間的愛，還會成為他們未來記憶中的寶貴財富。兄弟姐妹間的手足之情，不正是悄悄地藏在這些寶貴的記憶中的嗎？

三、「戰爭」來了，理性化解

　　兩個孩子一起成長，一起玩鬧、嬉戲，矛盾和糾紛是不可避免的。適當的吵鬧可以加深手足之間的感情，但無休止的爭吵則會傷感情，甚至波及整個家庭，所以，學會化解兩個孩子之間的「戰爭」，是每一位二孩家庭父母的必做功課。

1 兩個孩子的「戰爭」——打小報告、罵人、動手

　　家有倆寶的父母，往往都會遇到這樣的情況，兩個孩子經常會爭風吃醋，甚至為了一點小事鬧得不可開交，互不相讓。兄弟姐妹天天生活在一起，出現矛盾和糾紛是在所難免的。那麼，孩子之間的戰爭會以哪些形式體現呢？

❖ 打小報告

　　兩個孩子的家庭，互相打小報告的行為時有發生。對此，家長既不能鼓勵，也不能置之不理，而應多關注孩子，對孩子的優點加以肯定，也要教會孩子，碰到小問題學會自己想辦法解決，千萬不要事事包辦代替，否則會養成孩子的依賴心理，還會助長孩子只看別人的缺點，不看別人的優點、搬弄是非等壞習慣。在任何時候、任何情況下，都要以正確的態度來對待孩子打小報告的行為。

　　小佳在書房寫作業，媽媽發現她總是在寫作業的時候玩手機，於是就警告她說：「寫作業別三心二意，先寫作業，再做別的事情。」這事被一旁的小航記在心上，於是他便常常徘徊在姐姐身邊暗地裏監督着，一有風吹草動，就立刻跑去告訴媽媽：「媽媽，姐姐寫作業又看手機了，你快去看看。」

　　媽媽聽完了弟弟的小報告，並沒有立刻去看姐姐，而是對他說：「你知道姐姐犯錯誤不對，這很好，那你看有甚麼辦法能幫助她呢？小航想了想說：「讓姐姐把手機收起來。」聽孩子說完，媽媽補充道：「你不僅要讓姐姐把手機收起來，還要告訴她，寫作業不專心不是一個乖孩子，媽媽會不喜歡的。」聽了媽媽的話，小航就去找姐姐，姐姐聽了弟弟的勸導後，對他說：「好的，我現在把手機放起來，認真寫作業，謝謝你提醒我！」

事例中的這位媽媽對孩子打小報告的行為處理得非常好，不僅讓小佳能夠專心寫作業，也沒有因此事傷害姐弟之間的感情。但是，如果打小報告只是為了爭寵或爭搶玩具，那麼，父母不妨靜觀其變，讓他們自行解決。要知道，孩子的目的性比大人更強，如果他們發現某個方法達不到他們的目的，他們就不會再用。所以，分情況應對孩子打小報告的行為，可以有效減少孩子打小報告的次數。

✿ 罵人

孩子語言庫的儲存來自於從外界接收的信息。和睦的家庭，孩子使用髒話的機率很小，即使發生衝突，罵人的水平也不會隨着年齡的增長而增長。

父母要嚴格要求孩子不說髒話，不管是大寶二寶衝突時罵人，還是日常生活中的一些表達。當然，父母不用列舉出哪些是髒話，否則有點提醒的意味了，可以在聽到孩子無意識地說出後，立即指出來。罵人比說髒話程度稍微輕一點，但是在罵人過程中說出來的惡意的語言攻擊也會對被罵的孩子造成精神傷害。

對於孩了偶然冒出的髒話或罵人的話，父母可以即時提出意見，但事後不要過多地強調，比如懲罰、反復嘮叨、翻舊賬等。這樣做是為了讓罵人的孩子自己覺得罵人並不能達到目的。聽的人一副無視的態度，會讓說的人覺得這些話不管用。當然，在此期間，不能給罵人的孩子找理由，如弟弟罵哥哥「笨蛋」，父母不能對哥哥說「弟弟很尊敬你，他不是故意的。」這類話。

🌸 動手

很多時候，當兩個孩子的矛盾升級，動起手來了，父母們會習慣性地把兩個孩子都批評一頓，鎮壓之後，孩子不再爭吵就萬事大吉了，但兩個孩子卻都會覺得難過與委屈，誰都不服氣。

欣欣比妹妹小花大 2 歲，有一次姐妹倆在一起玩的時候，小花不知道甚麼原因，氣得將欣欣推倒在地上，欣欣立馬爬起來，伸手去揪小花的辮子，兩個孩子頓時扭打在一起。媽媽聽到聲響急忙跑過去將兩個女兒扯開，並將兩個孩子分別訓斥了一頓，勒令兩個孩子相互道歉。可欣欣和小花都沒有說道歉的話，只是一直哭。於是媽媽下了最後通牒：「如果你們今天不給對方道歉，我就不再理你們了」，兩個孩子哭得更大聲了。後來，雖然兩個孩子相互道歉了，但是誰的心裏都不服氣，悶悶不樂。這一天，兩個孩子雖然沒有再爭吵、打架，但是整整一天兩個孩子都沒有再說話。

該案例中，欣欣媽媽的處理方式無疑是不建議的。面對兩個孩子間的矛盾，父母往往無法讓自己冷靜下來，難以理性地對待問題，化解矛盾，也不一定能夠找到周全的處理方式。而身處矛盾和衝突中的孩子，他們需要的不僅僅是父母的關愛和引導，更需要父母的理解和鼓勵。

在兩個孩子打架之後，為了避免衝突升級，父母應該做的第一件事情就是將兩人分開，比如將雙方分別帶入各自的房間。但是，在做這件事情的時候，請記得保持自己的理性，不要讓情緒帶入其中，不責備、指責任何一方。允許孩子在房間內隨意地做點甚麼，以發洩自己憤怒的情緒，讓孩子有時間處理一下自己的感受。等孩子冷靜下來後再與孩子談一談，問清楚孩子生氣的原因，並且，你需要肯定孩子的情緒，告訴孩子，玩具被搶，是可以生氣的。肯定孩子的情緒感受之後，孩子的情緒基本就梳理得差不多了，這時，再引導孩子，如讓孩子知道為甚麼對方會跟自己爭搶、對方現在是甚麼感受，我們以後再碰到這樣的事情，可以怎樣處理。這些話說完後，很多孩子就會放下「怨念」，用不了多久，他們就會跟自己的兄弟姐妹和好如初了。

其實，孩子的世界很單純，他們很願意選擇包容與接納，但是如果我們直接用大人們的是非觀去評價孩子，就會讓他們的內心感受到委屈，孩子會覺得爸爸媽媽不再愛自己了，以後碰到同樣的事件，他們依然不會正確處理。

② 孩子們的問題儘量讓他們自己解決

在孩子的成長道路上，父母們一路奔波，用心良苦，甚麼事情都想幫孩子處理好，希望孩子少吃苦受累，順順利利地長大。但是，甚麼事情都由父母包辦了，孩子就缺少了經歷，缺少了獨立思考和實踐的機會，也失去了獨立解決問題的能力，而這種能力是孩子長大成人的必備能力之一。所以，孩子們的問題，儘量讓他們自己去解決吧。

✿ 不要低估孩子的承受能力

有些父母可能會擔心，畢竟二寶的年齡比大寶小，體力也比不上大寶，對衝突的承受能力也不如大寶強，如果父母不加干涉，而讓孩子們自己解決問題，會不會造成二寶經常吃虧甚至導致性格軟弱呢？

其實不然。在體力上二寶比起大寶確實處於下風，但是當二寶面對同齡孩子時，特別是面對同齡的獨生子女時，反而會顯得更加勇敢和堅強。因為他在家經歷得多了，學習的機會也相應增加了，他還從大寶那裏學到了許多辦法，具有應對衝突的經驗，這也是二孩家庭相對獨生子女家庭的一大優勢。

✿ 不要多管閒事

孩子不是生長在溫室裏的花朵，總有一天要走出去獨立面對生活中的暴風雨。與其甚麼都替孩子安排好，不如培養孩子自己解決問題的能力。

其實，大寶和二寶的爭吵是非常常見的，不一定是壞事。這個時候，爸爸媽媽千萬不要着急，只要沒有特別的危險，就不用急於干預或制止。重要的是給孩子足夠的時間和空間，讓他們自己解決問題。

孩子之間出現矛盾，是他們在群體交往中學會協調、解決矛盾的機會，他們正是通過這種不斷解決矛盾的過程，學會如何堅持獨立的見解，如何讓自己更受歡迎，如何適度地表現自己，如何培養忍耐能力，從而不斷增強與其他孩子交往的技能。這是孩子社會化與自我成長過程中的重要環節，如果父母多管閒事，就會讓孩子喪失學習的機會，孩子的社會化能力發展就會受到阻礙。

❤ 不要將孩子之間的矛盾複雜化

其實，孩子之間的矛盾並沒有大人想的那麼複雜。俗話說「小孩子打架不記仇」，剛剛打得不可開交的兩個人，可能下一秒就手拉手開始玩遊戲了。所以，父母不要用成人的眼光去度量孩子之間的矛盾。

芹芹是兩個孩子的媽媽，職場上叱吒風雲的她，面對倆孩子沒完沒了的衝突，講道理、罵、打，可謂是軟硬兼施，就是沒用。一天她在廚房做飯，突然聽到在客廳玩耍的兩個孩子吵了起來，5 歲的小豆大哭了起來。

芹芹邊快步走向客廳，邊不耐煩地說：「你倆怎麼回事兒，不是說了不要吵架嗎？要和睦相處，怎麼就說不聽呢？」

7 歲的小芽憤怒地回應說：「是弟弟搶我的口琴。他自己有，還非要搶我的。」

「小豆，你是不是搶姐姐口琴啦？」芹芹轉過身來問弟弟。

弟弟邊哭邊回答道：「媽媽說了玩具要分享，我也要玩這個……姐姐也說過要跟我分享呀。」

「我沒說現在要跟你分享呀，我願意給你玩兒的時候才給你！」姐姐生氣地說。

「好啦，大的不像大的，一點不知道謙讓，小的也是，玩你自己的玩具不好嗎？你們倆都不讓我省心。我說過，你倆再吵架，就都要挨打。」然後讓兩個孩子各自回自己的房間反省。

雖然事後兩個孩子又玩到了一起，但沒過多久，又會發生爭吵的事情。她不知道為甚麼這倆孩子就是不能好好相處，非要鬧。

小孩子間吵吵鬧鬧是很正常的事情，父母沒有必要事事計較，只要問題不大，就隨他們去吧。這何嘗不是提升手足感情的一種方式呢！

❤ 把握好放任的「度」

當然，放手不等於放任不管，你可以靜靜地站遠一些觀察他們到底為甚麼爭吵，並在適當的時機，以一個旁觀者的身份引導兩個孩子正視問題、思考問題、解決問題。

當孩子自行解決了問題，父母要及時地給予肯定和鼓勵，這樣孩子會對這次事件有深刻的認識，並意識到自己也有能力很好地解決問題。

③ 父母何時介入？如何介入？

對於兩個孩子之間的「戰爭」，父母的適時介入也是很重要的。那麼，父母該何時介入，又以甚麼樣的方式介入呢？

❖ 不要急於介入、錯誤介入

有的父母非常在意友好的氛圍，一旦孩子在玩耍的過程中有一點衝突的傾向出現，便會立刻介入，通過各種方式將矛盾扼殺在萌芽中。雖然這樣做營造出了一段和睦友好的遊戲時光，但是卻沒能真正解決問題，還有可能讓孩子形成依賴。

有的父母當孩子們發生爭吵時，很容易順水推舟，順便發洩自己的情緒和不滿，制止甚至呵斥孩子。而這往往比孩子間的爭吵更加傷害孩子。

那這樣是不是意味着父母不應該介入孩子們的爭鬥呢？當然不是！有些時候需要父母的介入，但就怕父母在不恰當的時候，或者時機還算合適，但是選了不恰當的方式介入。如果你發現孩子們反復為同一個問題爭吵時，應該反思一下，是不是因為之前處理此問題時不恰當的介入所導致的。

❖ 孩子發生衝突時的做法

保持冷靜。不要急於介入孩子們的爭執，父母可以暫時假裝沒有留意到他們的矛盾。

做一個旁觀者。在旁邊觀察孩子們的語言、解決問題的方式及爭執出現的原因。千萬不要有先入為主的想法。

介入的時機。「戰爭」中的一方明顯處於劣勢，即將落敗，而他的落敗明顯違背「規則」的時候，要介入。戰爭發展到肢體衝突，而且戰爭現場不是在怎麼樣都不會受傷的地方，這個時候父母要立即出手。對於前者，宜溫和介入，提出建設性的解決方法；對於後者則應強力介入，先叫停，再解決問題。

❖ 介入時的原則

互相尊重。這既是父母和孩子之間溝通的基礎，也是孩子們之間的原則。同時，父母禮貌尊重的態度也是孩子們很好的榜樣。在介入的過程中如果發現自己對孩子的點評有失偏頗，應該對此道歉。你可以這樣說「對不起，媽媽剛才那樣說話很不合適，只顧着自己發洩情緒了，並沒有跟你說清楚到底是甚麼原因導致我生氣，其實媽媽要說的是……」。

放低姿態。父母在說話時要蹲下身子，和孩子保持同一高度，而不是像法官那

樣講話。這樣更容易引導他們直接表達感受，說出引發衝突的真實原因，從而找出解決辦法。

提供選擇。給孩子提供選擇是不錯的辦法，既尊重了他們的自主性，不至於使他們感到被動，又給他們指出了正確的解決衝突的辦法。

4　先處理情緒，再處理問題

人常說「意氣之爭」，是指在很多情況下人們爭的不是事情的對錯，而是一種情緒，一定要「爭回那口氣」。孩子之間的爭吵有時候也是如此。

要解決問題，首先就要處理好情緒。如果父母只一味地想要處理好問題，沒有考慮到孩子的情緒，而孩子還陷在這種「意氣之爭」裏，這時他只會覺得自己受了委屈，又怎麼可能聽得進父母的意見，怎麼能夠好好地解決問題呢？甚至還可能讓孩子產生逆反心理，加重情緒問題，類似的「戰鬥」可能還會再次出現，甚至升級。

因此，當孩子們有了矛盾，父母第一時間要做的，不是裁決誰對誰錯，也不是一味制止，而是應先讓雙方分開，並安撫好他們的情緒，讓他們冷靜下來。

很多孩子都知道打架是不對的，但是他們很多時候都控制不住自己。當事情已經發生，一味追究責任，只會讓孩子更加憤怒，同時感覺受到挫折和委屈。如果家長這時候把重點放在關注孩子的情緒上，去接受他們的憤怒或委屈，他們便會迅速和解，並且學會原諒。

等孩子們的情緒平穩之後，再來「算帳」也不遲。因為，這時候，孩子已經能夠聽進父母的意見，也願意承認錯誤，父母講的道理才能發揮作用。

父母千萬不要看到一方受到傷害就同情心大發，恨不得立刻來主持公道。誰知道受傷害的一方，會不會犯錯在先呢？所以，父母不妨先讓自己冷靜下來，瞭解清楚事情的經過，再來判斷是非。

理解、接納孩子的情緒　→　瞭解事情的經過　→　尋求解決問題的方法

孩子很難像成人一樣做到控制和處理好自己的情緒，由於情緒不能平復，孩子很容易陷入到情緒的發展中去，而不能回到問題的解決上來。如果這個時候，家長不能先幫助孩子處理情緒，而是直接處理問題，那很有可能陷入更混亂的局面。

有兩個孩子的家庭，如果父母要求做錯事的孩子馬上給另一個孩子認錯來解決問題，做錯事的孩子很容易走向極端，反抗到底，而且在以後的生活中，他會很容易被情緒所控制，不能妥善地處理問題。

所以，當孩子之間遇到問題時，第一步是要讓他們學會處理自己的情緒，然後再和他們討論如何解決問題。

知曉在廚房做飯，突然聽見兒子小東帶着哭腔在房間嚷：「你走開！你把我的作業都弄濕了！走開！」知曉過去一看，兒子小東跪坐在地板上，手上拿着被果汁弄髒的作業，妹妹在一旁小聲哭泣。知曉走過去，小東開始抽泣起來：「今天的作業很多，我特意在學校提前完成了一些，現在眼看快寫完了，卻被妹妹弄濕了，怎麼辦？」女兒小西連忙説道：「我又不是故意的！我跟哥哥説對不起了，但哥哥罵我，媽媽，哥哥罵我！」為了避免小西將小東的情緒激化，知曉先將小西帶離了哥哥的房間，讓她在自己的房間冷靜。

再回到兒子身邊，知曉也跪坐下來，溫和地説：「快完成的作業被毀掉了，你一定很擔心很難過吧？」「是啊，怎麼辦？好想讓妹妹賠給我！」儘管還是在哭，可是他自己已經在考慮補救的方法了，雖然是一個無效的辦法。「我記得開學的時候學校發了很多作業本，我們找找看還有沒有。」知曉邊説邊開始翻找。過了一會兒，知曉找到了一本嶄新的作業本，遞給了小東：「找到了！你可以開始寫作業了。」「媽媽，我今天不一定能完成作業了。」小東停止了哭泣，但是聲音還是很沮喪。知曉翻開被弄壞了的作業本，給他看他這次的家庭作業，「如果從現在算起，除去吃晚飯的半個小時，我們大概能在 9 點半之前完成作業，可以按時睡覺的。」知曉給小東分析道。「那好吧，我現在開始寫作業。」

「在寫作業之前呢？是不是還有其他事要做？」知曉引導小東，希望他能想到妹妹。「媽媽，我去給妹妹道歉吧，她都跟我説對不起了，我還是忍不住罵了她。」小東説完，就跑到隔壁妹妹的房間去了。沒過一會兒，小東和小西開開心心地手牽手從房間出來了。

　　正如知曉所做的那樣，當孩子出現情緒反應，父母要先用同理心和傾聽的技巧，接納孩子的情緒。接下來，父母要對孩子的情緒感同身受，並運用語言反映孩子的真實感受，協助孩子覺察、認清自己的情緒，例如：「看你哭得這麼傷心，一定很難過，對不對？」響應孩子的感受，可以讓孩子明瞭自己的感覺。之後，繼續用開放性的提問方式，例如：「今天是不是發生甚麼事了？」瞭解產生情緒的具體原因。因為只有找到情緒反應的真正原因，掌握孩子的心理需求，才能更好地引導孩子走出負面情緒。等孩子情緒緩和下來，再引導他調整認知，從另一種角度看待引起他困擾的事情，先讓孩子正視既定事實，再用循循善誘的語言引導孩子思考問題的解決方式，這樣不帶負面情緒的小腦袋才能開始正常運轉，自己尋找解決方法。

　　知曉的處理方式就是先處理情緒，再處理問題，這是心理學中的一個小技巧，這並不僅僅針對孩子，但是對孩子特別有效。如果想要你的孩子聽話，那麼就先處理好他的情緒吧！這裏要注意，所謂先處理情緒再處理問題，不是指為了讓孩子情緒安穩可以對所有的問題作出讓步。父母首先應該做的是把問題和情緒分開，這是父母非常需要學習和掌握的能力之一。

5 護大不護小

在二孩家庭中，一般情況下，大寶搶二寶的玩具時，父母會批評大寶；當二寶搶大寶的玩具時，很多父母還是會批評大寶，因為他們認為「大的就應該讓小的」。結果弄得大寶很委屈，二寶卻越來越驕縱。所以專家建議，在大寶與二寶的衝突中，護大不護小。

當兩個孩子發生衝突後，我們一定要在二寶面前維護大寶的形象，只有大寶得到尊重後，才能發自內心地去愛護二寶。如果每次發生衝突我們就「批大護小」，這對兩個孩子都不好。大寶會因為受了委屈而越發仇恨二寶，而二寶則學會了為一點小事就大聲尖叫，日後甚至會利用大人去欺負大寶。久而久之，兩個孩子的關係就會更加對立、仇視。

雅琴自從有了二寶茜茜，就在家全力照顧二寶，這讓身為大寶的沐沐心裏有些不舒服。每次看到媽媽照顧茜茜，沐沐也會趁機要求媽媽來照顧自己。如果自己的要求得不到媽媽的回應，沐沐就會開始欺負茜茜。隨着茜茜逐漸長大，茜茜與沐沐之間的衝突也變得越來越多。在雅琴看來，沐沐是老大，應該多讓着茜茜。因此每次兩個孩子出現衝突後雅琴都會責怪沐沐不懂事兒：「你是大孩子了，為甚麼不讓着妹妹呢？」可雅琴越這樣，沐沐越變本加厲地去「迫害」茜茜。直到有一天，兩個孩子再次發生爭執，雅琴忍無可忍，打了沐沐屁股。沐沐很是委屈，便一個人離家而去。雅琴沒有在意，以為沐沐只是在街內走走，等消氣了會自己回來。可是直到晚飯時間也沒見沐沐回家，這時候雅琴才開始急了，發動全家找沐沐。最後，家人在樓頂的天台找到了沐沐，沐沐的話讓雅琴愧疚萬分：「媽媽，你是不是不喜歡我了，一直不來找我？如果你不喜歡我了，我就從這裏跳下去。」聽了孩子的話，雅琴一把將孩子摟在懷裏，用哽咽的聲音道：「怎麼會，媽媽喜歡你，媽媽一直都是喜歡你的。」

故事中的雅琴是現實中很多媽媽的真實寫照，總認為大寶是老大，應該懂事兒，所以當兩個孩子發生衝突，心會毫不猶豫地偏向二寶。但是，如果我們總是袒護二寶，大寶就會覺得在父母那裏得不到尊重，會認為父母不再愛他，而不愛他的原因是因為二寶的出現，所以，大寶就會把仇恨轉移到二寶身上，進而形成一種惡性循環。因此，如果兩個孩子發生衝突，父母要多想想大寶的感受。

護大不護小不只是字面上理解那麼簡單，還有很多注意事項：

注意適用的時間段

二寶出生後，大寶需要慢慢適應才能習慣。在這個過渡期內，一定要遵守這個原則，這樣才能讓大寶更順利、更快地接受二寶。尤其是在大寶還不明白時間和等待的概念時，更應及時響應他的要求。否則，大寶不僅僅會情緒低落、沮喪，甚至憤怒，更可能會總結為「爸爸媽媽要照顧二寶，就不理我了」，進而思考對他而言的一個終極問題：是不是有了二寶，爸爸媽媽就不再愛我了。在這樣的心態下，大寶怎麼可能接受二寶的到來。但不是以後一直要遵循這個原則，只要大寶已經完全適應了二寶的存在，並且已經真正地喜歡二寶、呵護二寶，再繼續這樣的原則，就會對二寶不公平。也就是說，當兩個孩子的感情已經建立，生活已經步入正軌，就不必再刻意強調對大寶的保護和偏愛。

不能毫無條件的袒護大寶

護大不護小的核心是給予大寶更多的關注和愛護，當大寶和二寶的需求有衝突時，原則上應當優先滿足大寶的需求。平時父母也應該儘量多點時間陪大寶。但是大寶有問題的時候，照樣也要指出來，不能無條件、無原則地偏向大寶。

總之，要在講原則的前提下儘量滿足大寶的需要，給予大寶適當的偏愛，只有這樣才能構造「手足和睦」的理想家庭關係。

6　相對的公平與公正非常重要

這裏的「公平與公正」與前面提到的「護大不護小」並不矛盾。「護大不護小」是對家長心理層面的要求，主要是適用於二寶剛出生的那段時間。而「公平與公正」則是對行為層面的要求，要求家長對兩個孩子一視同仁，不偏不倚，而且這一原則要貫穿兩個孩子的整個成長過程。公平，指的是對待兩個孩子的態度要平等，行為要一致。公正，指的是當兩個孩子發生矛盾或者觀念不一致時，要根據實際情況，客觀中立地作出判斷。那麼，具體要怎麼做呢？

🌸 淡化大小關係

一般來説，家裏的大寶由於總是被賦予責任感，性格容易壓抑、孤僻，而小的那個則容易形成依賴的性格。為了避免這兩種極端性格的形成，在大寶和二寶發生爭執的時候，父母不應該總把「你是老大，要有老大的樣子」類似的話掛在嘴邊，應儘量淡化他們之間的大小關係，凡事以平等為原則。讓他們的觀念裏沒有大小之分，兩人之間沒有依賴，只有互助。在化解他們之間的矛盾時，父母要對事不對人，秉公處理。

🌸 將公平的愛體現在行動上

很多父母經常會説：「我對孩子們的愛是問心無愧的。」但對於父母的「問心無愧」，孩子們卻往往無法理解，因為他們看到的，或者聽到的，甚至感受到的，只是父母的偏心。所以，父母心裏的公平，一定要在行動上體現出來，才能讓孩子感覺到。比如在給孩子東西的時候，雖然一人一個，人人有份，但這時候也要注意孩子的情緒變化，因為孩子往往並不滿足於一人一個，而是想拿到自己喜歡的那個。比如媽媽給兩個女兒買了一黃一粉兩個髮卡，在分髮卡的時候，兩個人可能都喜歡黃色的那個，這時候也要尊重孩子的想法。因為如果父母濫用權威，時間長了，孩子就會認為父母偏心。這個時候，一般看誰先做出讓步，如果大寶讓步，就將黃色的髮卡給二寶，然後誇獎大寶，要真心實意、實事求是地誇。若兩個孩子都不讓步，就把黃色髮卡給態度比較強硬的那個，並承諾下一次讓另一個先選。不僅如此，父母還要繼續哄感

覺「吃虧」的孩子，直到她安靜下來，想通為止。等到下一次的時候，兌現諾言，並解釋理由。這樣兩個孩子才會覺得父母對她們倆是公平的。

古語云：不患寡而患不均。東西可以不多，但是必須分配均衡，否則人們就會覺得沒有受到同等的重視，沒有被平等地對待，心裏就會產生怨氣。孩子也是這樣，而且孩子比大人更敏感，如果沒有得到平等的對待，他們不一定會質疑是大人做錯了，而是懷疑是不是自己不夠好，不值得擁有同樣的東西。時間長了，就會影響孩子的自我價值評價，使孩子失去自信，認為自己不值得被愛。

🌸 不強求一致，鼓勵個性發展

有些人認為，一筆寫不出兩個王字，兄弟姐妹之間應該有很多相似性。其實不然，每個孩子都有不同的個性和興趣特長，所以，父母不能要求他們在各方面保持一致，而應根據他們各自的性格、愛好，給予自由選擇、自由發揮的空間。比如，讓他們根據自己的喜好挑選自己的書包、衣服，參加各自喜歡的興趣班等，父母通過給自主權，提高他們的自我意識，讓他們覺得自己在慢慢長大。

星星喜歡跳舞，嵐嵐喜歡畫畫，媽媽給他們倆都報了舞蹈班和繪畫班，媽媽的想法很簡單，兩個孩子得享受公平的教育資源。結果可想而知，星星的舞蹈學得很好，畫畫卻很糟糕；嵐嵐的畫畫學得很好，跳舞卻很糟糕。因為外婆畫得一手好畫，所以對嵐嵐很是喜歡，覺得星星很笨，同樣學畫畫，比嵐嵐差了一大截。星星覺得自己和外婆越來越遠了。

嵐嵐媽媽以為的公平是大寶有甚麼，二寶必須也有；二寶喜歡甚麼，也要給大寶買。其實，這屬另一種不公平。因為每個孩子各有不同，父母給的愛當然必須一樣，但應根據他們的不同以他們需要的方式愛他們。像嵐嵐和星星的興趣不一致，媽媽能讓她們自己選擇喜歡的興趣班，也是一種公平。

🌸 適當的「偏心」也很重要

「偏心」在兩個孩子的教育過程中是一個敏感詞匯，因為不管父母偏向哪一方，都會使另一方的心理失衡，使孩子之間產生矛盾。然而，一味地追求公平，凡事講究一碗水端平，未必能夠使孩子都滿意。因為每個孩子真正需要的恰恰就是父母對自己的「偏心」。所以，在某些情況下，適當表現自己的「偏心」，往往會

使孩子的心理更容易達到平衡的狀態。

很多父母可能沒有意識到一個問題：當二寶到來時，不管得到父母多少愛，對於他來說，都是百分百的。但是，對於已經習慣了獨享父母之愛的大寶來說，不管父母表現得多麼公平，父母已經把對他的愛分割給了二寶，百分之百的愛已經不存在。這樣看來，大寶是那個被剝奪愛的一方，父母要將更多的關注放在大寶身上才顯得公平。

當你自認為公平公正地將自己的時間分割給大寶二寶的時候，是不是發現這樣都不能化解大寶心中的不滿呢？你是不是也常抱怨「弟弟（妹妹）比你小，比你更需要媽媽，你沒有幫媽媽照顧弟弟（妹妹）也就算了，為甚麼還這麼不懂事？我已經對你夠『公平』了，為甚麼你還不知足？」這其實是父母很容易犯的一個錯誤，將所有的時間、關注都量化。其實，很多時候，大寶真正在乎的，並不是父母公平不公平，也不是需要你將時間全部給大寶，而是讓大寶在感覺上能「獨一無二」和「完全擁有」。也就是說，父母不必給予孩子百分之百的時間，但是應該在特定的時間裏，讓孩子體會到那種完全擁有爸爸媽媽，不被打擾，也不被分享的感受。

所以，二寶到來之後，父母不管多忙，也不管照顧二寶多麼勞累，也要讓大寶覺得父母沒有因為二寶而忽略自己，他還是和以前一樣，擁有爸爸媽媽百分之百的愛。而父母要做到這一點，根本不需要太多的精力，只需要稍稍用心即可。比如，父母可以規定每天的特定時候是和大寶的獨處時間，或者每個月有那麼一天，只帶大寶出去玩，讓大寶完全佔有你。在大寶獨佔的時候，不妨說一些「偏心」的話，讓大寶覺得父母是偏愛自己的，自己還是擁有爸爸媽媽百分之百的愛。

7　不吼叫、不恐嚇，孩子少爭吵

　　二孩家庭中，兩個小孩之間難免會磕磕碰碰，爭吵時有發生。在孩子爭吵的時候，你會忍不住提高自己的音量來叫停他們的爭吵嗎？你會抑制不住自己的怒火，用威嚴的氣勢鎮壓他們嗎？在遇到問題之前不妨靜靜思考一下，我們為甚麼要吼叫？

❀ 你為甚麼總喜歡吼叫、恐嚇？

　　職場競爭激烈，每個人的工作壓力只增不減，每天工作上的煩心事撩撥着父母脆弱的神經。當父母心情很好時，一切事情仿佛都很順利，孩子鬧騰感覺也很可愛；而當積累了很多工作或者家庭帶來的負面情緒時，似乎只要風吹草動，都會不耐煩，一旦孩子鬧點事情出來，父母就趁機把自己的「情緒包袱」點燃了。

　　父母希望兩個孩子之間能相親相愛，兩個孩子都是自己的心頭肉，在爭吵還未升級之前，希望以自己的威嚴壓下這場戰火，因為無論哪一方受傷，自己都不忍心看到。

　　但是無論哪種原因，都不是我們能「吼叫、恐嚇」孩子的藉口，因為我們已經是成年人，我們有能力控制自己的情緒，孩子並不是我們發洩情緒的突破口。

❀ 做「零吼叫」父母

　　近年來，在家庭教育領域中，我們越來越多地聽到一個詞——「零吼叫」，就是用不吼不叫的方式把孩子教養好。這個「零吼叫」教育強調的是教育者應該把注意力放在如何安撫自己的情緒上，而不是以吼叫的方式達到控制孩子的目的。

　　在你的情緒爆發之前，不妨照着下面的步驟走，會收到意想不到的效果：

管好嘴不吼叫，適時遠離現場

當兩個孩子在你面前發生爭吵，剛好臨近你爆發的節點，你可以先深呼吸，迴避現場冷靜一下，當理智重回大腦時再去處理孩子們的問題，進行溝通。

弄清楚是誰出現了情緒

當發現某一個孩子的情緒不好時，先接納孩子的感受，而不是用道理來激怒他。如果發現孩子沒情緒，可以學習用非暴力溝通的方式來表達，比如將自己當成孩子，先陳述一下對方行為，然後説一説我的感受，接着説一下這件事對我的影響，然後再説一下我的期望。注意，不要因為孩子沒有順着你的思路走而怒氣衝天，我們要先學會對孩子表達自己的愛意，讓孩子知道你是愛他的，別讓孩了誤解你，然後才有可能往下談。

嘗試從控制轉向尋求雙贏

如果你有情緒，使用了第二步後，孩子仍然我行我素，你可以和孩子一起商量找到一個讓雙方都高興的解決方案，通常孩子會給你很多意想不到的好方法，解決困擾你多時的問題。當父母不繼續批評孩子，而是坐下來討論下次遇到問題該怎麼辦時，孩子會因為你的尊重而特別願意配合，從而能想出來多種不同解決方案，不知不覺中，父母就可以從控制孩子轉向尋求雙贏了。

總而言之，要「收服」爭吵中的孩子，父母首先要冷靜面對，而非火上澆油，即使孩子可能因為父母的怒吼而暫時停止爭吵的行為，但這只是治標不治本的方法。不論父母吼叫的起因是忍無可忍或是習慣性的回應，這樣的吼叫行為就等同於告訴孩子，面對吵架時以怒吼來宣洩是正確的選擇。所以，父母應該學會控制情緒，學會用柔和的方式和孩子交流。當然，也許這個學習的過程並不短暫，也許我們有時真的無法控制自己的情緒做到不吼叫。但是只要我們有這個意識，不斷鼓勵自己，那麼吼叫的次數會逐漸減少。

8　少講大道理，多表達自己的愛

中國人喜歡講理，對待孩子，中國父母更是喜歡講理。世上的道理有很多，一個人隨着年齡的增長，在經歷了一些事情、具備了一定的知識後才會領悟各種不同的道理。但如果這個道理超越了孩子的年齡、經驗、知識，就算你說再多遍，對孩子仍不起作用。所以，在教育孩子時，家長不要整天苦口婆心地給他灌輸大道理，因為大道理孩子不愛聽也聽不太懂。

當孩子們發生爭吵時，情緒是很激動的，如果家長在此時給他講道理，他怎麼會聽得進呢？不妨換位思考一下，當你心情煩悶借酒澆愁的時候，有人在旁邊對你說「喝酒傷身」，你會理他嗎？！如果你在大打出手的孩子面前用大道理勸解他，說：「你們是親兄弟，打折骨頭連着筋，不要得理不饒人。」孩子情緒激動的時候不僅聽不進去，可能還會理解成父母偏袒另一方，這不是站到了孩子的對立面去了嗎？

在孩子「大戰」之後，父母要出面解決時，如果你站在他的對立面，並對他進行否定，即使你說的再有道理，孩子也有可能聽不進去。因為當他接收到你的反對信號，他所想的並不是這件事本身的對與錯，而是父母是否還像過去一樣愛着他，護着他，寵着他。

小晶的兩個孩子本來在客廳玩得好好的，沒過一會兒，就聽到弟弟歇斯底里地哭了起來。本來以為可能就是兩個孩子鬧小彆扭，他們自己可以處理好，小晶準備只在一旁看着就好。沒想到，當小晶走到客廳的時候，看到弟弟的手臂上有兩道血痕，地上有一個衣服被撕碎的芭比娃娃。小晶心裏了然，應該是弟弟弄壞了姐姐的芭比娃娃，姐姐予以還擊了。小晶忍住了怒火，分開了姐弟倆，安慰弟弟道：「不要哭了，男兒有淚不輕彈哦！」弟弟哭得更大聲了。小晶繼續說道：「你弄壞了姐姐的玩具，姐姐予以反擊也是正常的，不要生姐姐的氣哦。就像昨天你要在你的朋友小米麵前守護自己的玩具一樣。這個血痕看着恐怖，過兩天就消了，再給你塗一點媽媽的『魔法水』，就不會那麼痛了……」小晶還在滔滔不絕地給弟弟講道理，突然，弟弟對着小晶吼道：「媽媽，你不愛我了，我不要媽媽了！」

　　當孩子發現他有情緒或受委屈的時候，作為避風港的爸爸媽媽竟然不能理解他，不能支持他，反倒來批評他、指責他，在這個時刻，父母就會是孩子的「敵人」。人的心都是很脆弱的，孩子尤為如此。所有的孩子從出生開始都對父母有一個理想的期待，期待被呵護、被接納。於是，在孩子成長的過程當中，只要體驗到父母不友善的對待，就立刻會感到受傷、感覺被背叛，這是很真實的感受。而且，更嚴重的是，這個受傷的感覺，會一直「過不去」，停留在記憶裏，除非回頭，把當時受傷的自己給解救出來。

　　此時，父母能做的是將兩個孩子分開進行引導，並讓孩子覺得你是站在他這邊的。當然，也要讓他明白，你雖然站在他這邊，但並不代表你同意或認可他的所作所為，只是表示你接納他，不會因為他犯了錯誤就否定他，拋棄他。這樣，孩子會更輕鬆地看待問題，並因為父母站在自己這邊，而願意聽父母的話。尤其是當他得到父母的支持和鼓勵後，就更願意去面對問題，積極地思考解決問題的辦法，並願意為了和解而做出讓步。

　　當然，對孩子多表達自己的愛不能僅僅在處理孩子糾紛的時候。如果平時能夠讓孩子覺得自己獲得了足夠多的愛，心裏感到安全和溫暖，他們就不會去嫉妒父母對手足的關心，會避免很多戰爭。所以，手足之間發生衝突時，父母還必須警覺是否因為平日工作忙碌而忽略了對子女的關愛。父母要記得關愛並不是給予物質、金錢上的滿足，而是陪孩子一起遊戲，關心他喜歡的事，適當地給予讚美、肯定等情感上的交流。

9　對孩子進行適當「隔離」

對於年齡差距較小的大寶和二寶來說，做哥哥或姐姐的往往非常害怕弟弟或妹妹會奪取父母對自己的關心。當他對這種壓力無法承受時，在心理上就會受到巨大的傷害，對於二寶這一「敵人」會產生負面情緒，甚至做出過激的行為。

無數事實證明，孩子的心理也和大人一樣，生氣的時候會喪失理智，只有等他冷靜下來，才會懂得是非對錯。所以，在這種情況下，父母應對大寶二寶進行「隔離」，儘量不要讓他們單獨待在一起，暫時別讓哥哥或姐姐幫着照顧弟弟或妹妹。因為這個時候的大寶心理已經失去平衡，甚至處於憤怒的狀態之中，而他又不能對這種狀態進行很好的調節。所以，大寶很有可能對二寶進行報復。而這種事情一旦發生，很多父母並沒有自己反省，而是根據事情的結果對大寶進行懲罰，實際上，他們卻忽略了真正的責任其實是在自己身上。

真正聰明的父母，一般會在察覺到大寶二寶之間那種微妙的關係之後，當沒有大人在場的情況下，就不會讓大寶二寶單獨在一起，更不可能讓大寶幫忙照顧二寶。直到這個敏感期過去之後，再想辦法對症下藥。

10　教育孩子「君子動口不動手」

孩子還不能很好地控制自己的情緒，有可能因為一個玩具，玩着玩着就鬧起來了。所以，我們要學會分辨孩子們遊戲時的不同「噪音」——有些聽起來是安全的、高興的，大人不必去管，讓他們吵個夠；慢慢情緒化了，就略微關注下；開始互相攻擊了，包括言語和行為，此時父母可以適當出馬，將攻擊性轉化為遊戲本身即可，並不一定要斷然阻止。

當孩子在生活中體驗到攻擊行為會帶來身體的痛楚後，孩子會懂得甚麼是過分的肢體動作，從而約束他們的行為，幫助孩子瞭解肢體與情緒之間的界限，加深他們對競爭以及勝負的理解，並通過自己的嘗試達到能控制自己行為的理想狀態，最後削弱或消除孩子之間的攻擊性。

美國一位心理學者專門針對有攻擊性的孩子製定了一套家庭教育原則，結果證明，用這些方法對待孩子，效果很明顯。這套原則的要點是：

1 　不要對孩子的暴力行為讓步。

2 　家長要正視自己的行為，少用暴力行為達到育兒的目的。因為有些孩子的攻擊行為來自對家長的模仿。如有些家長在孩子做錯事情的時候通過打屁股、打手掌等體罰方式來讓孩子意識到自己錯誤的目的。這會向孩子傳達一個錯誤的訊息：當有人做錯了或沒有達到要求時，是可以用暴力解決的。

3 　用一種冷靜不處理的方法來對付孩子的暴力行為——把孩子關在他們的屋裏，讓他們自己平靜下來。

4 　監控孩子那些表現不好的行為，建立一套分數體系：孩子做得好，便可得到好分數、獎勵或某些特許；表現不好，就得不到這些鼓勵。對年齡大些的孩子，家長可以和他們制定「行為協定」，明確地告訴孩子，在家在校應如何表現，表現不好會得到甚麼懲罰，要盡可能讓孩子參與行為協定的討論。

5 　以積極熱情的方式對孩子表現出的親善行為予以鼓勵，尤其是那些習慣打罵、呵斥、批評孩子的家長更應如此。積極鼓勵的態度會強化孩子的良好行為，使孩子表現出積極、關心的情感。

11 正確對待二寶的「告狀」行為

在多數家庭中，由於二寶通常沒有足夠的能力對付大寶，因此對付大寶「攻擊」的反制手段往往就是向父母「告狀」。當二寶向爸爸媽媽告狀時，父母該怎麼辦呢？

♣ 認真傾聽二寶的訴說，理清事實

二寶的告狀是他在日常生活中為自己受到來自手足的某方面的侵犯，或者發現手足的某些行為與父母的要求規則不相符合時，向父母發起的一種互動行為，這種行為的突出目的是要阻止大寶的行為。

當二寶向父母告狀時，不管父母當時正在忙甚麼，都不要採取敷衍和心不在焉的態度。因為，如果父母對二寶的告狀行為沒有任何的回應，二寶的內心就會有失落感，以後遇到類似的情況時，二寶可能會採取激烈的態度奮起反抗，所以，面對二寶的告狀，千萬不要無動於衷。正確的做法應該是停下手中的工作，認真傾聽二寶的訴說，並學會換位思考，體會二寶的感受。

如果二寶一時說不清楚，父母可以用提問的方式引導他回想一下事情發生的經過，並適當地安慰他。很多時候，只要父母能夠耐心地傾聽二寶的訴說，並及時給予他安慰，他很可能會自己想出解決問題的辦法。

另外，有時候真相並不是二寶所說的那樣，所以，父母在聽完二寶的告狀後，一定要及時弄清楚事實的真相，然後根據具體的情況採取不同的處理方式。

♣ 瞭解二寶告狀的原因，區別對待

二寶出現告狀行為的原因主要有以下三個方面：

1 檢舉揭發

在家庭裏，二寶通過以往的生活經驗來判斷事情的對錯，認為父母不允許的行為就是錯誤的行為，因此，當看到大寶的行為不符合父母的要求時就向父母告狀，希望得到父母的評價和評判。這種告狀的行為是由幼兒內心的利益訴求和正義感而引發的。這時父母不能順着二寶的思路去一起指責大寶，而是應該針對事實來探究問題。

渴望得到父母的關注

有時候，二寶的告狀僅僅是因為渴望得到父母的關注。如二寶會對爸爸媽媽説「哥哥（姐姐）沒有好好吃飯，我有好好吃飯」。二寶的這種告狀行為是希望得到爸爸媽媽的讚揚和獎勵。作為父母，應該用一種理性的態度進行分析處理和引導，引導二寶用其他更好的方式來獲得爸爸媽媽的關注。

想要獲取幫助

在家庭生活中，大寶和二寶之間可能會出現意見不統一，因相互爭奪玩具、零食等而發生的肢體衝突。當大寶與二寶發生衝突，二寶的告狀行為其實是來向父母需求幫助的，這説明二寶已經學會了尋求社會支持。當遇到「搞不定」的情況，單純依靠自己的力量無法解決時，這是很有效的解決方法之一。但父母要注意不要馬上給答案或者直接出馬進行干預，而是應該啟發二寶自己想辦法解決問題，以培養二寶獨立處理事件的心態和能力。

♣ 教二寶換另一個角度思考

孩子之間的矛盾往往是由於不懂得換位思考造成的，尤其是二寶，總覺得自己才是對的，別人都是錯的。作為父母，一定要教會二寶換另一個角度思考，正確對待和大寶的矛盾。

上官媽媽發現弟弟最近經常告哥哥的狀，這不，又來了。「媽媽，哥哥搶我的玩具！」弟弟氣憤地跟媽媽告狀。上官媽媽沒有直接去事發現場找哥哥，而是對弟弟問道：「哥哥為甚麼會搶你的玩具呢？」「因為那個玩具是我從哥哥手裏搶來的。」弟弟心虛地答道。「哥哥搶了你的玩具，你難過嗎？」「難過！」「那麼，我們想玩玩具是不是不能從別人手裏搶？」「嗯！」「那你和哥哥都想玩這個玩具，但這個玩具只有一個，怎麼辦呢？」「媽媽，可不可以像跟爸爸玩『舉高高』一樣，因為爸爸只有一個，我們只能輪着玩，那麼這個玩具我們也可以輪着玩呢？」「這個方法不錯，你自己去和哥哥商量吧。」剛剛告狀的弟弟又紮紮跳地去找哥哥了。

這位媽媽的處理方式無疑是成功的，在解決問題的同時也鍛煉了二寶的邏輯敍述能力，讓二寶學習換另一個角度思考，同時還建立了規則，引導孩子自己解決問題。一件看似麻煩的告狀事件，只要處理得當，其實可以變成提升孩子自我評價意識的契機。

教二寶學會換另一個角度思考是一個長期的過程，除了在日常生活中進行言語和行為引導之外，家長還可以利用文學作品或一些孩子們耳熟能詳的動畫片中的實例、人物、行為等來教育二寶。同時，也可以將大寶和二寶的矛盾事件編成故事，然後加上和好的結尾，以此暗示二寶學會正確地對待矛盾。以後再遇到類似的事件時，自然就會學着換另一個角度思考，正確對待了。

❖ 培養二寶的獨立意識

二寶之所以喜歡告大寶的狀，說明他對父母的依賴心理比較嚴重，獨立性還沒有很好地建立起來。因此，當二寶與大寶產生矛盾的時候，總是希望通過父母來解決問題。所以，當二寶來告狀，父母可以嘗試着將問題扔給二寶自己，讓二寶知道，遇到問題後首先要做的是學會思考解決問題的辦法，即使是來向父母告狀也需要自己想解決辦法。隨着年齡的增長，他自然就學會自己思考問題，而不是一味地告狀了。

此外，父母要注意引導二寶不要總關注別人的錯誤，讓二寶意識到責罰別人與自己無關，要學會專注於自己的事情，以啟發孩子正向思考的能力，減少二寶的挑剔。

當然，父母還可以利用在生活中看到的事例或動畫片、繪本故事等，引導二寶評價他們的行為，逐步提高他對各種行為的認知水平和判斷的能力，豐富孩子關於是非的評價經驗，培養孩子對是非的判斷能力，提高孩子獨立處理問題的能力。當二寶遇到問題能自行解決時，他的告狀次數自然會減少。

對於二寶的告狀行為，如果太當回事兒，會傷到大寶的心；如果太不當回事兒，會傷到二寶的心。所以，建議父母在瞭解事情真相的基礎上，採取有步驟、有針對性的辦法來引導孩子，鍛煉孩子獨立面對問題、解決問題的能力。

12　大寶總欺負二寶怎麼辦？

兩個孩子之前相處愉快是父母對孩子的期望，但現實往往事與願違，父母可能常常發現大寶會在與二寶相處時欺負二寶。

首先，我們要先說說究竟甚麼是欺負：大寶想逗二寶玩，拉拉手，摸摸屁股，二寶卻哭了，這算欺負嗎？大寶想和二寶玩，一個玩具扔給二寶，想讓二寶扔過

來，卻不小心打到二寶的頭了，二寶哭了，這算欺負嗎？……這些其實都是合理適當的行為帶來了消極的結果，所以這些都不算真正意義上的欺負。再比如，大寶故意搶奪二寶的玩具或食物，趁家長不注意偷偷把二寶推倒在地，故意用惡作劇嚇唬二寶……這些就是不合理的行為，屬欺負了。在家長發現大寶的這種行為時，應該先瞭解為甚麼會出現這種現象，再做出相應的措施。

為甚麼大寶會欺負二寶呢？相較於二寶，大寶已經擁有了一定的自主性，在身體上相對於二寶有較大的優勢，這是大寶能夠欺負二寶的前提。但是身體強壯的大寶卻還沒有成熟的自我控制能力，對於自己的行為缺乏必要的管控，所以當大寶不喜歡二寶時，很容易管不住自己的手腳，做出對二寶的攻擊行為。而且，二寶的出現分走了父母的愛，在大寶年幼的心裏很容易討厭這個來和他爭寵的「壞二寶」。大寶心中對二寶的敵意加上自我控制能力較弱，導致欺負行為頻繁出現。那麼，父母該如何應對大寶對二寶的欺負呢？

及時與大寶溝通

父母需要做的是單獨與大寶溝通，不要過分苛責，耐心詢問他欺負二寶的原因；找到原因後，嘗試走進孩子心裏，幫助他解決心理問題。

讓大寶把不滿說出來

多數二孩家庭中，大寶所處的年齡階段的發育特徵是身體運動能力發展較快，語言能力發展較慢，所以大寶會用行動來發洩自己的不滿。此時父母應該引導大寶用語言表達不滿。譬如，可以詢問大寶為甚麼欺負二寶，「是不是擔心爸爸媽媽會把對你的好分給弟弟（妹妹）」。當大寶用語言表達出對二寶的討厭後，父母不要着急回應說「二寶多可愛，你應該喜歡他」之類的話，否則大寶會因為不被理解而更加討厭二寶。應該給大寶的回應是「你討厭二寶是正常的，因為你還不習慣家裏多了一個人」，並向大寶表達自己對他的愛，多列舉大寶的優點，讓大寶從心裏感到自己不會失去父母的愛，從而減少對二寶的敵意。

激發大寶的自豪感

大寶正處在自尊心萌發的重要時期，此時的大寶喜歡長大的感覺、被崇拜的感覺。父母要先捧捧大寶，充分肯定大寶在家裏的地位，然後經常拉着他的手說，「你是哥哥（姐姐）了，你是大人了，你有個小跟班了，弟弟（妹妹）很多東西都不會，要向你學習，所以你要保護他，愛護他，不能讓別人欺負弟弟（妹妹）」……類似這樣的言語會充分激發大寶心裏的自豪感和成就感，讓他感受到家庭地位和身上的責任，心裏不自覺就會對二寶更加愛護和喜歡。

安撫委屈的二寶

面對大寶的欺負，二寶心中有一肚子的委屈。此時的父母只需要站在二寶的角度，充分理解二寶的委屈，安撫被欺負的二寶的情緒，讓二寶的委屈感逐漸減少。但不要當着二寶的面說大寶的不是。如果確實是大寶做得過分，待做好大寶的思想工作後，要引導大寶向二寶道歉。

建立孩子間相處的規則

父母應該為兩個孩子提供單獨相處的空間，手足之愛會在沒有父母在場的情況下被自然激發出來。但是，在讓孩子獨處之前，要建立衝突處理的原則，譬如不可以肢體攻擊、不要搶奪對方手裏的玩具等。當兩個孩子違反了規則時，要一視同仁進行批評，不能因為二寶年紀小就讓他逃避懲罰。只有這樣，當大寶欺負二寶時，對大寶的批評才不會讓大寶心裏感到不公平。

13　孩子有衝突時，爸爸的參與很重要

研究發現，媽媽對孩子的影響是孩子能不能成為一個獨立的人這一方面，而爸爸則會影響孩子對人生的看法，關係到孩子人格的形成。還有心理學家研究指出，同樣一句肯定的話，如果由爸爸説出來，對孩子的影響是由媽媽説出來的 50 倍。所以，在孩子的成長過程中，十分需要爸爸的陪伴。在二孩家庭中，當兩個孩子出現衝突時，爸爸的做法往往比媽媽更能表現得公平、公正，也更具有威嚴，因此，更能得到孩子們的信任和認同。

　　符先生家裏發生過這樣一件事情：有一天，大兒子天天和弟弟兩個人正在為誰能先玩夏威夷小結他而爭得不可開交，媽媽過來勸説他們，結果兩個孩子當時沒説甚麼，等媽媽走後卻接着爭吵。這時符先生走過來説：「我現在把夏威夷小結他收起來，直到你們自己拿出一個比較合理且沒有爭論的方案，然後再來找我拿。」説完這句話，符先生就走開了。起初，兩兄弟還是誰也不讓誰，漸漸地他們的爭吵弱了下來，過了一會兒，天天率先走到符先生跟前説：「爸爸，我們商量好了，我先玩半個小時，再給弟弟玩半個小時。爸爸給我們當檢督，好不好？」符先生欣然應允，問題也輕鬆解決了。

　　符先生明顯是一位聰明的爸爸，他沒有認為替孩子解決一切問題是分內的事情，而是將這件事情交由孩子自己處理。而且結果確實沒有讓他失望，孩子們自己也能很好地解決這一問題。作為爸爸，他比媽媽更能清醒地認識到衝突是孩子們在成長過程中必然經歷的問題，不必大驚小怪，讓孩子們學會自己解決問題遠比責怪他們更重要。

　　由於受「男主外，女主內」思想的影響，再加上如今的生活壓力大，很多家庭中爸爸需要承擔更多的經濟責任，而教育孩子似乎成了媽媽一個人的責任。其實，在孩子的教育上，爸爸的作用也不可忽視。雖然説事業很重要，但家庭的和睦、孩子的成長對於父母來説更加重要，爸爸們不妨從百忙之中擠出時間來，給孩子更多的陪伴和關注。

14 家規，該有的必須有

俗話說：「沒有規矩不成方圓。」為人做事都要遵守一定的規則，家規應成為家庭中必不可少的行為規範。但現在一些年輕的家長受各種社會因素的影響，缺少家規意識，在家庭生活中，明顯缺少規矩的約束，不但對家庭建設不利，對孩子的成長也沒有好處。

❖ 家規對於孩子成長的意義

若家有家規，就容易讓大寶和二寶明次序、知禮儀、懂謙讓……在家裏既定的規矩面前，孩子們更容易退讓和妥協，更容易解決衝突。

一般來說，孩子在 3 歲左右，父母就要開始培養孩子的規則意識了。要讓孩子從 3 歲起，就懂得遵守規則，這樣孩子長大後才能成為一個懂規則的人。有兩個孩子的家庭，更需要立規矩。

家規就好像是在大寶與二寶的各項衝突中設定了界限。大寶和二寶在具體的事件中都會有跨界的時候，這時事先確定的、堅定執行的界限條款可以幫助孩子強化和理解界限的含義，並享受界限對他們的支持和指導。讓孩子們更能適應將來走向社會後的各項限制，平衡個人自由與制度法規的關係。就目前而言，有了家規，對於仲裁孩子們的爭執和鬥爭也會很有幫助。

❖ 訂立家規的原則

那麼，家長應該怎樣訂立規矩呢？每個家庭的實際情況不同，可以從以下幾點原則出發，訂立適合自己家的家規。

以愛為基礎

家長在訂規矩時，必須以愛為基礎，當孩子體會到家長的關愛時，自然會更樂意接受家長所訂立的行為規範。

簡潔及明確

家規各有不同，但須簡潔明瞭，讓孩子清楚知道甚麼可以做、甚麼不可以做，例如告訴孩子：「發脾氣時可以打枕頭，但不可以打人或摔東西。」當然，也可以讓孩子參與制定與討論，這樣執行起來阻力會小很多。

講得出，做得到

　　規矩定好後，家長無論在甚麼情況下，都必須立場堅定，切實執行。如果家長自己不能謹守原則的話，就會影響實施的效果。

規矩清楚，賞罰分明

　　家長制定的家規條目要清晰，賞罰要分明，可以寫好貼在家中顯眼的地方，並嚴格執行。這樣更方便家庭成員遵守有序的規則，形成良好的家風。

5 不斷調整

　　家規不是定好了就一成不變的。若家長所定的規矩在執行過程中發現要求過多或過高，可以結合孩子的能力和發展階段進行適當的調整。孩子漸漸長大，家規中應少用禁文，多用引導性條文，以強化內在吸收，並靈活處理。如果孩子表現出的自控能力強，可以讓他有較大的自主空間，以增強自控能力。

違規後果

　　制定規矩時，必須同時制定違規後相應要承擔的後果，例如，孩子以哭要挾家長買玩具，其後果就是立刻取消他與家長外出活動的權利。若兩個孩子同時違規，應先將兩個孩子分開，設法先讓他們兩個冷靜下來，然後讓他們各自描述清楚、思考清楚各自的言行，然後按照家規讓兩個孩子各自承擔後果。

　　說起來，規矩就是規則。我們的社會需要規則，如果沒有規則，我們很難想像這個世界會是甚麼樣。給孩子訂立規矩，道理也一樣。不給孩子訂規矩，受害的不僅是父母，更是孩子本身。孩子需要理解他們周圍世界的規則，需要知道別人對他們的期待，需要知道和別人怎麼相處，這些都是非常重要的。

四、做體貼爸媽，兩寶更幸福

家有兩寶，天天生活在同一個屋簷下，出現矛盾和衝突是在所難免的，如何做靠譜父母，讓兩個孩子都幸福，是所有父母都想知道的。其關鍵是父母要學會正確教育孩子，讓孩子們時刻感受到父母的愛，並對兩個孩子因材施教，讓他們都能健康成長。

1　言傳身教，父母應做好榜樣

觀察一下身邊的孩子，我們就會發現，有的孩子脾氣暴躁，有的孩子堅強忍耐，有的孩子文明懂理，有的孩子胡亂破壞。如果再仔細觀察一下有兩個孩子的家庭，我們又會發現，兩個孩子在性格上或多或少都有些相似，尤其在孩子還小的時候。這與孩子的成長環境是分不開的。

有句話叫「父母是孩子的第一任老師」。的確，父母就像孩子的一面鏡子，父母怎麼做，孩子怎麼學，孩子的性格塑造與父母的一言一行密切相關。所以，父母在孩子面前的一言一行，都要做好表率，這樣才會被孩子「照」進去更多優秀的品質。

有些家長一邊自己玩遊戲、打麻雀，一邊要求孩子好好學習。試想，這樣的環境下孩子會有好的學習心情和濃厚的學習興趣嗎？但如果家長喜歡學習，而且言行舉止充滿正能量，還用得着天天對孩子耳提面命嗎？正如孔子所説：「其身正，不令而行；其身不正，雖令不從。」

家裏有兩個孩子，父母需要格外重視自己的榜樣作用。要知道，孩子都是有比較心態的，你做一個好榜樣，兩個孩子也會互相攀比着做得更好；你動輒發怒、吼叫、打罵，兩個孩子就比着誰更搗蛋。

父母平時對人對事公平公正、真誠，這種態度也會傳遞給孩子，父母也更容易和孩子成為朋友，孩子遇事也會願意和父母講心裏話。也許孩子現在還小，一時間無法明白，但在潛移默化中，孩子早晚會明白，遇到事情時，也會想起父母曾經對他講過的話，並在實踐中理解父母對他的教誨。如果父母總是高高在上，有着不可挑戰的權威，孩子會覺得難以親近，反而容易養成叛逆的性格。

父母在對孩子言傳身教的同時，不妨也在孩子身上找找自己當初那些純真美好的品質，和孩子一起成長。當發現問題時，不要急於給孩子「定罪」，冷靜下來審視一下自己，想一想自己在這個過程中扮演過甚麼樣的角色。

② 時刻關注孩子的心理需求

為甚麼大寶越來越不愛説話了？
為甚麼大寶總是和二寶吵架，還偷偷打二寶？
為甚麼一和大寶講話，大寶就不耐煩？
為甚麼對二寶那麼好，二寶依然不領情？
為甚麼孩子越大越難帶了？
……

答案就是我們忽視了孩子們的心理需求。比如，當二寶剛出生的時候，由於各方面的原因，爸爸媽媽忽略了大寶的內心感受，這時大寶就會覺得很失落、很害怕，他會借助各種手段來引起爸爸媽媽的關注，如果得不到回應，就會出現欺負二寶、頂撞父母等行為。當大寶和二寶一起玩遊戲的時候，爸爸媽媽總告訴大寶要多讓着弟弟或妹妹，大寶就會覺得爸爸媽媽偏心，只喜歡弟弟或妹妹，因而出現摔玩具、和二寶打架或私下裏欺負二寶等行為。同樣，如果二寶在爸爸媽媽那裏得不到回應和認同，他也會出現各種行為和心理問題。

那麼孩子心裏最需要的是甚麼呢？

❀ 父母的關愛

爸爸媽媽的愛對孩子的健康成長起着關鍵性的作用。孩子對父母的愛的感知決定了孩子心理狀態是快樂、樂觀，還是膽小、孤僻、憂鬱等。作為父母，要努力做到給兩個孩子一樣的關愛。當然，在「敏感時期」，我們也要適當「區別對待」。

比如，當決定要二寶之後，就要給大寶更多的愛，並告訴他爸爸媽媽會永遠愛他；當二寶出生之後，媽媽更要對大寶反復強調，多一個孩子是多了一份愛，而不是搶走一份愛。平時爸爸媽媽也要多抽出一些時間來陪伴大寶，和大寶進行有效的溝通和情感的互動，通過行動讓大寶感受到二寶的到來並沒有影響爸爸媽媽對他的關心和愛。

隨着二寶漸漸長大，父母要給予兩個孩子同樣的關愛，讓兩個孩子健康成長。

❀ 父母的尊重

每一個孩子都是一個獨立的個體，都是需要被尊重的。尊重孩子就是把孩子當作大人一樣，讓他們也有權利做決定。家庭會議要有他們的參與，家中要購買物品也可以提前跟他們商量。當然，這裏所説的權利是一個相對的説法，並不意味着孩子就可以做任何大人做的事情。

尊重也代表着不需要過多的干涉。我們經常能看到一些父母干涉孩子的學習和生活，把自己的喜怒哀樂強加給孩子，設身處地想一下，如果有人這樣對自己，自己心裏會舒服嗎？孩子也是一樣的。作為父母，沒有權利去支配和限制孩子的行為，也不能替他做選擇，甚至每做一件事，每説一句話，都要考慮是否尊重和理解了孩子的心理。

❀ 肯定和鼓勵

肯定和鼓勵是孩子前進的動力。現在的家長對孩子的教育往往是嚴格先於肯定，要求多於讚美，總是否定孩子的努力，愛拿兩個孩子做比較或是把自己的孩子跟別人家的孩子做比較。比如，有的媽媽總會在兄弟姐妹之間進行比較：「你看姐姐多聽話啊，你就不能多跟姐姐學習嗎？」這些話語容易讓另一個孩子很受傷，削弱他的自尊心和積極性。

每一個孩子都需要持續給予肯定和鼓勵，尤其是來自于父母的肯定。無論家中有一個孩子或是有幾個孩子，在孩子的教養中，肯定和鼓勵的重要性都大過其他方面。如果沒有肯定和鼓勵，孩子就無法獲得積極的成長和發展，也無法獲得歸屬感。

🍀 父母的寬容

無論何時，對孩子都不要太過苛責。孩子是在父母的寬容中學會寬容的，如果父母過於苛刻，那麼他們就會連自己都無法寬容，也不會去寬容自己的手足，更不會去寬容別人。

做寬容的父母，需要學會多包容孩子的壞脾氣，學會理解孩子，不能不問緣由地對孩子發脾氣，甚至訓斥、打罵孩子，這樣只會讓事情變得更糟糕。寬容並不等於縱容，寬容是需要一定的智慧的，該有的規矩必須要有，這就需要爸爸媽媽掌握好分寸了。

🍀 自由的空間

愛玩鬧、愛自由是孩子的天性，作為家長，千萬不要約束孩子的天性，應給予孩子一些空間，讓他們做自己想做的事情，這樣不但能夠讓孩子們的身心得到良好的發展，還能讓孩子們在自己做事情、自己思考的同時，鍛煉其獨立自主的能力。

③ 不要吝嗇對孩子的愛和陪伴

孩子的世界很簡單，他們需要的就是陪伴。生活中我們經常會看到很多家庭，白天爸爸媽媽上班賺錢，由爺爺奶奶在家照看孩子，每天只有爸爸媽媽下班回家的那段時間能和孩子待在一起，有時候父母還會因為自己的事情不能陪孩子盡興地玩，這樣就會導致孩子很依戀爸爸媽媽，他們有時的哭鬧和不聽話只是想引起父母對他們的關注，想要父母多陪伴他們。

解決的方法其實很簡單，就是多用心陪孩子，多關心孩子，多愛孩子，一家人多一些在一起的時間。不要等孩子長大了，卻沒有和爸爸媽媽在一起的記憶，也不要等自己都變老了，卻發現沒有彼此一起生活的回憶。

細想一下，孩子一生能陪我們多久呢？從剛出生到孩子開始上親子班、幼兒園，接着上小學，這段時間可能是我們和孩子待在一起比較久的時候。但即便是在這段時間，每天也不過幾個小時罷了。等到孩子上中學、大學，和父母見面的時間就更少了。到孩子畢業後戀愛、結婚、生子，我們幾乎已經失去了孩子在我們身邊的時間，而自己也老了。

真正明智的父母從一開始就很重視陪伴孩子，即便家裏有兩個孩子也不例外，一樣可以安排好時間，將精力合理地分配到兩個孩子身上。

❧ 即使再忙，也要抽出時間陪孩子

不要因為事業而忽略了孩子，也不要因為有了二寶而忽略大寶，一有時間就陪孩子玩耍。而且，建議家長也參與到孩子的遊戲中去，而不僅僅是看着孩子玩，這樣孩子會表現得更積極，玩得更投入，父母和孩子也一定會在歡聲笑語中度過快樂的親子時光。

❧ 和孩子保持一樣的興趣愛好

很多孩子都喜歡看課外書，那麼父母也應該養成同樣的閱讀習慣。在孩子還小的時候，你可以捧着繪本、漫畫書和孩子一起欣賞，邊看邊給孩子講解，孩子也非常樂意聽。而且，在陪孩子閱讀的時候，還可以順帶教他們識字、體驗生活，和他們分享生活中的點滴。當孩子稍大一點兒會認字的時候，還可以讓孩子讀給你聽，以此來培養孩子的交流能力。

如果孩子喜歡運動，爸爸媽媽可以經常帶孩子到戶外活動，帶孩子一起打籃球、踢足球，或者玩一些簡單的追逐遊戲，孩子也會很高興。

❧ 和孩子約定專屬時間

如果實在抽不開身，沒有更多的時間陪孩子，父母也應該和孩子約定屬你們的私人時間。比如，如果爸爸在外出差，可以提前跟孩子約定晚上睡覺前和孩子通電話、視頻，以此保證陪孩子的時間。大一些的孩子還可以通過互通郵件、留言等方式來保持更多的聯繫和溝通。

愛和陪伴，不是一句我愛你、一件昂貴的禮物所能代替的，要讓父母和孩子之間充滿默契，不受時間和距離的影響，這就要求父母多花心思，讓孩子時刻沐浴在愛的陽光之中。

4 學會正確地表達愛

幾乎所有的父母都愛自己的孩子，這一點毋庸置疑。不過，你真的會表達自己的愛嗎？孩子感受到你傳達的愛意了嗎？

美國賓夕法尼亞州布林莫爾學院父母中心的哈麗雅特博士，在指導家庭教育的實踐中，總結出一張每日愛的檢查表，看一看你做到了多少。

1 告訴你的每一個孩子「我愛你」。

2 通過溫和的觸覺來傳達你對孩子的愛意。

3 關心你孩子的行蹤，注意到他們甚麼時候回來和甚麼時候出去。

4 告訴你的孩子，甚麼是對的，甚麼是錯的。

5 注意到你孩子的每一個小小的進步。

6 問孩子對你的意見。

7 耐心而且徹底地回答孩子們提出的各種各樣的問題。

8 對於年齡較大的孩子可委以適當的重任。

9 因勢利導，讓孩子建立自信心。

10 尊重孩子的性格。

在具體的表達方式上，父母可以參考以下幾個方面：

❖ 主動表達愛

表達愛其實不難，三個關鍵動作：微笑、擁抱和親吻。平時經常對孩子微笑，說話時要平視孩子的眼神，每天給孩子一個擁抱，離家或者回家時要親吻孩子，晚上和孩子一起讀書、講故事……這些都能逐漸拉近與孩子的距離。

❖ 控制自己的情緒

任何時候都不要帶着情緒和孩子說話。當孩子犯錯後，父母不要衝動之下責罵批評孩子，而是要先冷靜，給彼此一個思考的時間，再認真地問孩子：「你知道媽媽為甚麼生氣嗎？」然後，引導孩子意識到自己的錯誤，並給予恰當的懲罰以示警告，最後再給孩子一個愛的擁抱。

承擔育兒責任，意味着你在接受孩子可愛乖巧的同時，也要接受孩子所有的不完美。允許孩子失敗，允許孩子犯錯，允許孩子哭鬧，允許他有自己的思想，允許他有自己的空間，出現困難，要和孩子一起面對、一起解決。

⑤ 放鬆心態，不做「完美父母」

在心理學對於人格的描述中，有一個詞叫作「完美主義」。在性格中這種傾向強的人，往往對於自己和他人有更高的要求。擁有完美主義特質的人在看待事物和他人時，更容易看到存在的問題。他們不斷地尋找問題，尋求改善的方法，然後使自己更加完美。不少孩子害怕達不到父母的期望值，而加倍努力；很多父母也害怕自己做得不夠好，而惴惴不安。這兩種情況都是「完美主義」在作祟。

完美主義通常伴隨着自戀人格。擁有自戀人格的人在成為父母之後，也會孜孜不倦地想要成為「完美父母」。此時，他們將面臨雙重壓力：不僅面對周圍人的評價，還得面對自己的孩子。他們會過度在意別人的目光，對於別人提出的質疑或反對意見會極其焦慮。對此，心理學專家指出，如果我們想要成為完整的、懂得關愛他人的人，就必須摒棄這種自戀式的完美主義傾向，直面自己的局限性，承認自己的不足。

誰不想做更加完美的父母，為自己的孩子提供一種更好的人生？但我們都需要意識到：自己並不是萬能的，我們保護和養育孩子的努力並不總是成功的。對「完美父母」來說，糟糕的就是，不能接受自己在撫育孩子上的一點點缺點。我們每個人時不時地都會犯錯誤，事實上，成為分寸拿捏妥當的父母就足夠了。生活之所以充滿了樂趣，往往也正是由於這些殘缺。

只有意識到這一點，我們在面對自己的孩子時才會變得放鬆，孩子也才會在一種較為自由輕鬆的環境中成長。

⑥ 學會放手，培養孩子的獨立性

獨立，是對孩子成長的一項基本要求，但是現代的父母往往對孩子過於溺愛、寵壞，為孩子包辦一切，導致孩子沒有自理能力。小孩子不會擦鼻涕、不會整理房間，大孩子不會洗衣服、疊衣服。

也有很多父母在教育孩子的時候都會說：「自己的事情自己做。」可當看到孩

子把玩具弄得滿屋都是，或是拖拖拉拉半天也穿不好衣服，又有多少父母能忍住內心的衝動，堅持讓孩子自己做完這些事情呢？

父母總是不自覺地插手孩子的成長，孩子交甚麼樣的朋友，如何與他人相處，將來要做甚麼，每一步，都要掌舵引航，隨時為孩子掃清障礙，指引方向。平心而論，我們確實可以為孩子做很多事，但是我們可以代替他們成長嗎？當然不能。

父母要做的就是看好孩子，避免孩子發生意外，但是也要讓他們做一些力所能及的事情，這樣不僅能讓孩子更加獨立，而且獨立完成後的成就感可以鼓勵孩子繼續嘗試更多的事情，增強孩子的自信心，有利於孩子健康成長。

比如，我們可以讓大寶很早就參與到照顧二寶的生活中來，幫二寶穿衣、洗臉、收拾房間等。二寶在大寶的影響下，自然也會變得更加獨立。我們還可以讓兩個孩子一起參加一些家務勞動，例如幫媽媽洗菜、打掃衛生等。其實很多孩子都喜歡參加類似的家務勞動，這時爸爸媽媽千萬不要因為怕孩子做不好而打擊孩子的積極性，或因為孩子做錯了而責罵孩子，而要加以鼓勵，並記得在勞動中教給孩子們一些生活小技能，在孩子們取得勞動成果時不忘及時給予表揚。

當然，培養孩子們的生活自理能力不能操之過急，要循序漸進。孩子做得慢不要急，做得不對不要罵，更不能剝奪孩子鍛煉的機會，而是要幫助孩子分析做得慢、做錯了的原因，然後引導孩子順利完成。隨着孩子年齡的增長，可以逐步提出較高的、孩子力所能及的要求，要相信孩子有自我成長的能力，慢慢地孩子會更自主、更自信。

7 別以愛的名義綁架孩子

「你要聽話，爸爸媽媽這樣做都是為了你好！」「你這孩子能不能爭點氣，讓爸媽也有點面子？」「爸爸媽媽把甚麼都給你了，就指望你出人頭地了……」為人父母的你，是否有過反復向孩子嘮叨這些？書法班、舞蹈班、英語班、繪畫班，從幼兒園到小學，再到中學、大學，你是否有想過孩子是真的喜歡嗎？面對父母的這些「愛」，孩子可能會埋頭學習、勤學苦練，希望用好的成績回報父母，但你是否看到孩子背負了多少壓力？

愛孩子沒有錯，但如果這份愛會給孩子帶來沉重的壓力和壓抑，是否還正確？其實，這種過度保護、過高期待、過分控制的現象，在許多家庭中都存在着。那麼，父母該如何把握好愛的尺度呢？

不要過度保護孩子

愛孩子要理智，不可偏愛，更不能溺愛，替孩子包辦一切。過度保護會讓孩子能力低下，產生自卑、退縮的心理，不利於孩子獨立人格的培養。父母要做的是尊重生命的法則，讓孩子按照自己的方式去成長。

別對孩子寄予過高的期望

父母都期望自己的孩子能夠出人頭地，這是人之常情，但一切都要建立在尊重事實的基礎上，對孩子的能力有客觀認識的情況下展開，把不切實際的、虛幻的期望值降低，讓孩子切切實實從基礎學起，順其自然地成長。

不過分控制孩子

在生活中，父母也要有意識地創造讓孩子自由選擇的機會。比如，自己選擇要購買的學習用品、圖書，搭配第二天要穿的衣服，參與家庭旅遊計劃的討論。不過分控制孩子，讓孩子明確地知道自己想要的是甚麼，對孩子來說絕對是值得驕傲的成長。

別對孩子太過嚴苛

給孩子訂規則時要適度，既不至於太寬鬆而滋生孩子的壞習慣，也不至於太嚴格而給孩子留下痛苦的印記。另外，孩子還小，犯錯在所難免，父母不宜在孩子犯錯時給予過於嚴苛的責備，這樣容易增加孩子的心理壓力，性格也容易變得內向。

8 凡事記得和孩子商量，尊重孩子

人與人之間的相互尊重非常重要，遇事多商量能夠讓人感覺到受尊重。根據馬斯洛的需要層次理論，受尊重的需要是人類較高層次的需要。一旦這種需要無法獲得滿足，人就會產生沮喪、失落等負面情緒。

孩子也是如此，他們也有受尊重的需要。如果父母喜歡和孩子商量，孩子就會非常樂意與父母交流，這樣的孩子往往責任感強、自尊和自信，理解和解決問題的能力也強，整個家庭氛圍也會非常和諧、民主。相反，凡事不和孩子商量就自作主張，常常會扼殺孩子的獨立性，孩子還容易產生逆反心理，封閉自我。而且，現在的孩子思維活躍、理解能力強、視野廣闊，在許多事情上他們都可以很好地與父母通過商量討論解決問題，甚至能給父母提出更好的建議。

有些父母做甚麼事情都不願意和孩子商量。一方面，他們會覺得孩子太小，甚麼也不懂；另一方面，和孩子商量需要和他耐心解釋很多事情，應對孩子的各種疑問，而很多父母往往沒有這份耐心。因此，家裏的很多事情，通常都是自己做主，不給孩子參與討論的機會，甚至連孩子自己的事情，爸爸媽媽也會擅自替孩子做主，這樣是非常不利於孩子的健康成長的。

父母應該怎樣通過商量來促進親子關係，促進手足親密，促進家庭和諧呢？

以商量的口吻處理衝突

當親子關係出現衝突時，父母總是不願意自己的家長權威受到挑戰，希望以權威來壓制孩子，使孩子聽話。實際上，孩子不僅不會聽從父母的意見，反而會產生逆反心理，惡化親子關係。這種情況下，父母要放下架子，把孩子當作平等的人來看，與孩子多商量，孩子才會願意接受父母的建議，並共同解決問題。

當兩個孩子出現衝突時也是如此。父母也要放下架子，把兩個孩子當作平等的人來看，用商量的口吻分別與兩個孩子交流，讓孩子們體會到父母的尊重，體驗到人格的平等。這樣孩子們才能更容易接受父母的意見，使衝突得到解決。

孩子的事情要與孩子商量

如果是涉及孩子自己的事情，爸爸媽媽更不要擅自做主，一定要適當放手，讓孩子自己去選擇。比如，在給兩個孩子報興趣班時，應分別徵求兩個孩子的意見，而不是「一刀切」，剝奪孩子選擇的權利。即使父母有自己的想法，也要通過商量的方式，把自己的意見傳達給孩子，讓孩子考慮後再做出選擇。

商量不等於遷就

我們與孩子商量，不等於遷就孩子，凡事都聽孩子的，而是通過與孩子對話、溝通、相互瞭解，與孩子達成彼此都能接受的意見。與孩子商量，也不是發號施令，而是真正地把孩子當作家裏平等的一份子來對待。

和孩子約法三章

對於孩子的問題，比如撒謊、破壞、打架等不良行為，父母一定要與孩子商量後制定規則，並約法三章，而不要自作主張制定規則讓孩子遵守，這樣的規則對孩子也沒有甚麼約束意義。

規則是幫助孩子約束自己的，因為孩子大多缺乏自製力，只有與孩子商量後制定的規則，孩子才會認可，才會用心去遵守。

9 做兩個孩子的忠實聽眾

家有兩個孩子，善於傾聽也是爸爸媽媽與兩個孩子重要的、有效的溝通方式。爸爸媽媽只有善於傾聽孩子的心裏話，知道孩子在想甚麼、關注甚麼和需要甚麼，才能有針對性地給予孩子關心和幫助，家庭教育工作也更容易開展。

可是家裏有兩個孩子，本來就很吵鬧，如果每個孩子都在找父母抱怨或聊他們的心事，肯定會讓一些父母失去耐心。再加上很多父母本來就不重視孩子的想法，所以根本就不樂意傾聽孩子。這樣就很容易造成親子之間的誤解，讓孩子覺得不被尊重，甚至給孩子造成心靈上的傷害。

雯雯和睿睿是姐弟，姐姐雯雯今年 6 歲，性格溫柔、偏內向，有甚麼事情喜歡跟媽媽說，而 3 歲的弟弟睿睿則外向活潑，很淘氣，是家裏的「大魔王」。前兩天，睿睿把姐姐的彩筆拿走了，雯雯有點不高興，跟媽媽說了，因為媽媽在講電話就隨便敷衍了幾句。今天雯雯和弟弟吵架了，因為弟弟搶走了她心愛的芭比娃娃，還用彩筆把娃娃的臉上、身上畫得亂七八糟，雯雯都氣哭了，跑去和媽媽哭訴……剛開始媽媽還好好安慰了幾句，可是由於這段時間媽媽的工作壓力也挺大，雯雯的哭訴讓媽媽失去了耐心，甚至找理由支開她。

漸漸地，姐姐心裏的委屈越來越多，因為媽媽現在也不聽她說了。她覺得媽媽不愛她了，只偏袒弟弟，於是她開始私下「報復」弟弟，和弟弟打架。每次媽媽都會責怪姐姐不懂事，這讓姐姐更不喜歡弟弟，姐弟倆的矛盾也越來越多。於是，弟弟也開始求助媽媽，媽媽也只是敷衍了事。後來又和爸爸說，可爸爸的工作更忙，根本沒時間理會。

直到有一天，兩個孩子因為一件小事，姐姐把弟弟推倒了，撞到了弟弟的頭，出血了，才引起了爸爸媽媽的注意。「你們怎麼能這樣？有甚麼事不能好好說。」在爸爸媽媽的責問中，兩個孩子說出了他們的委屈：「你們每天都忙忙忙，根本不理我們。」

如果父母關閉了傾聽孩子的耳朵，就會封閉通往孩子心靈的大門。長期下去，孩子慢慢習慣了沉默，他們也就不願意再和爸爸媽媽交流了，哪怕是委屈，也會緘默不語。這對孩子的成長是極為不利的。

如果我們平時能多聽聽孩子們的心聲，瞭解他們的感受，不但可以增進親子感情，也可以讓孩子感受到家庭的溫馨，覺得自己有煩惱和問題時可以得到父母的體諒和支持。這種體驗有助於孩子勇往直前，對甚麼事情都勇於提出自己的想法，將來才能成長得更自信、更出色。

那麼，父母如何才能成為兩個孩子的「好聽眾」呢？

1 要學會「放下身段」去傾聽

爸爸媽媽千萬不要擺出高高在上的態度，認為孩子的煩惱是小事情，或是斥責孩子「沒出息」。其實孩子的心理承受能力比大人差，遇到問題很容易表現出悲觀失望的情緒，甚至會委屈哭泣，這是正常的。

2 要擺出「聽」的姿勢

父母在傾聽孩子時，身體語言也很重要。比如，和孩子緊靠着坐，並面向孩子，與孩子平視，用眼神鼓勵，表達出「寶貝，你説吧，媽媽正在聽呢」的意思。千萬不要兩手抱着胳膊，或邊做自己的事情邊聽孩子説。

3 帶着愛和鼓勵去傾聽

傾聽孩子不是簡單的單向溝通，而是一種雙向互動。在傾聽的過程中，我們要帶着愛意，走入孩子的內心，讓孩子訴説煩惱，並幫助孩子化解煩惱，這樣才能達到傾聽的效果。在聽的過程中，還可以使用一些鼓勵性的話語，如「原來是這樣，真厲害！」「我也是這樣想的。」也可以提一些簡單的問題進一步引導孩子表達。

10　認清個體差異，因材施教

　　家裏有兩個孩子，性格、愛好往往是不相同的。兩個孩子可能有很大的差異，例如，一個孩子學習好，另一個孩子學習相對較差；一個孩子愛學習，另一個孩子卻愛出去玩；一個孩子愛畫畫，另一個孩子卻愛跳舞。對於不同個性的兩個孩子，如何去教育，如何使他們健健康康地成長，是大多數爸爸媽媽比較關心的事情。

❖ 兩個孩子有所不同是正常的

　　父母首先需認識到孩子之間的差異性。雖然兩個孩子擁有共同的爸爸和媽媽，但是在氣質、性格和相貌方面也不可能完全相同。可能有的父母就會說，我的雙胞胎孩子是同卵雙生的，他們是完全一樣的！可是，就算擁有一樣的基因，由於後天的經歷不同，仍然會讓各自產生不同的性格與特質。

　　孩子之間的差異性沒有好壞之分。誰能說，成績相對較差的孩子在其他方面沒有天賦呢？根據孩子的行為給孩子貼標籤，這些都是基於父母自己的認識，父母認為孩子不符合自己心中關於「好孩子」標準，於是就自動將孩子劃到了「壞孩子」那一類，這是不對的。

❖ 根據孩子的性格選擇教育方式

　　不管是大寶還是二寶，都是爸爸媽媽的心頭肉，爸爸媽媽都會一樣愛他們。就算他們有所不同，但是只要父母認清這些不同，尊重他們之間的差異，針對他們的特點因材施教，孩子們就會受益無窮。爸爸媽媽們可以根據孩子的性格選擇相應的教育方式，去發揮孩子的長處，彌補他的不足，這樣有助於建立孩子的自信心，幫助孩子健康快樂地成長。

❖ 給予孩子同等的愛

　　在教育方式上，我們倡導因材施教。但在感情上，爸爸媽媽應給予同等的愛。對於大寶和二寶來說，爸爸媽媽給予他們的愛要儘量同等，但並不意味着絕對同等，例如，大寶天生心理脆弱，而二寶心理承受能力較強，那麼爸爸媽媽就要適當對大寶多一些關懷。

11　學會表揚孩子，進行積極的心理暗示

每個人都希望被表揚，而不喜歡被批評，孩子更是如此。孩子其實是很在意父母對他的評價的，如果父母經常表揚一個孩子，那麼孩子就會為了維護這種榮譽，努力讓自己變得越來越好。

任女士和郭女士分別帶着自己的孩子在公園散步，公園裏有很多可愛的狗狗來回奔跑嬉戲。有一隻狗狗來到兩個孩子身旁，兩個孩子追了上去，狗狗跑得太快，孩子們在追的過程中不小心摔倒了。

任女士並不上前將孩子扶起，只是對孩子鼓勵道：「你是勇敢的孩子哦！摔倒了沒關係的，媽媽相信你能自己爬起來。」孩子聽完後，若無其事地自己爬了起來，然後開心地跑去繼續追狗狗。

郭女士看到自己的孩子摔倒後，趕緊跑到自己孩子身邊，心疼地抱住孩子對他說；「摔疼了吧，媽媽摸摸。」說着便檢查起孩子摔倒的部位來。孩子聽完媽媽的話後，「哇」的一聲大哭起來：「媽媽，我好疼啊！」

為甚麼這兩個孩子會有截然不同的兩種反應呢？任女士在孩子摔倒後，首先就對孩子進行了鼓勵，說他是個勇敢的孩子。孩子在得到鼓勵後自己如無其事地站了起來，從這裏我們不難看出，任女士通過給孩子進行積極的暗示，讓他為了維護「勇敢」的稱號，自己站了起來。

郭女士以緊張的態度傳達給了孩子「摔跤很疼」的暗示。孩子通過媽媽對待這件事情緊張的態度和媽媽的語言，自己得出結論：摔跤很疼，我很疼，於是孩子就表現出脆弱的一面。郭女士的言行給予自己孩子的都是消極的暗示，那麼孩子接收到後，就會自然而然表現出自己怯懦的一面。

從這個例子中，我們可以知道，對孩子進行積極的心理暗示可以培養孩子堅強、獨立的人格。但是表揚孩子也需要注意一定的方法，不能為了達到一定的目的，就隨時隨地隨口對孩子進行表揚。

爸爸媽媽不能因為今天自己心情好，看到孩子還很聽話，於是張嘴就來一句，「你好乖！」孩子剛開始可能會因為這句無來由的誇獎感到開心，可是這樣的次數多了，孩子就會覺得，爸爸媽媽的誇獎太「廉價」，不值得自己開心了。表揚孩子要注意，避免無來由的表揚，只有當孩子真正做了甚麼事情的時候，再對他進行表揚。比如，孩子今天主動幫媽媽擦了桌子，媽媽可以誇獎他：「謝謝你幫媽媽擦桌子，媽媽很開心。」這個時候對孩子進行表揚，不比孩子甚麼事情都沒做得到的表揚，更讓孩子開心嗎？這樣孩子才會知道應該怎麼做，該如何努力。

12 媽媽自己的幸福和快樂很重要

在孩子的成長過程中，媽媽對孩子的影響是非常大的。如果媽媽生活幸福，那麼孩子也會在愛裏快樂地長大；反之，當媽媽自怨自艾，每天愁容滿面，生活充斥着悲哀的時候，就會給她的孩子帶來很多負面的影響。可以這樣說，只有當媽媽自己擁有一個積極向上的心態，才能給自己的孩子帶來正面的影響，讓他在良好的家庭氛圍中幸福快樂地長大。只有當媽媽生活得幸福和快樂時，才會給自己的孩子傳遞一種積極快樂的人生態度，孩子的心裏才會充滿陽光。

雖然孩子出生後，媽媽要在照顧孩子方面花費較多的時間與精力，可是如果因為忙於照顧孩子而放棄了自己的理想與追求，就有點得不償失了。

有這樣兩位媽媽：一位是職場媽媽，生完孩子後不久就重新回到了工作崗位上，雖然不能整天跟孩子待在一起，可是只要一回家，這位媽媽就會陪伴自己的孩子，給孩子講故事，陪孩子玩遊戲，工作雖然累，可是只要與孩子在一起就會覺得很快樂，孩子也覺得有媽媽的陪伴更開心。

另外一位是全職媽媽，生完孩子後，這位媽媽就辭掉了工作，專心留在家裏帶孩子。她希望能夠全身心地陪伴自己的孩子長大，於是放棄了自己的一切，只為了能夠更好地陪伴孩子。可是，每天做不完的家務和啼哭的孩子讓這位媽媽心力交瘁，整天愁眉不展。

那位職場媽媽，每天工作雖然累，可是回家之後還是與自己的孩子度過了一段快樂的時光，在工作與家庭之間找到了一種平衡。這種平衡不僅讓這位媽媽能夠實現自己的追求，同時也能夠給孩子高質量的陪伴與愛。反觀那位全職媽媽雖然本意是為了更好地陪伴自己的孩子，讓他能夠健康地長大。可是為了孩子放棄了自己的生活與追求，每天與孩子和家務為伴，使這位媽媽的心中充滿了抱怨，反而無法給孩子高質量的愛與陪伴。

其實，當了媽媽沒必要為了孩子放棄自己的生活與追求。有的媽媽一切以孩子為中心，完全放棄了自己的生活與追求，將孩子照料得無微不至，唯恐有所差池，當孩子因為自己的小小失誤受到傷害的時候，又會覺得天都塌了下來。其實，真的沒有必要如此，愛自己的孩子與將所有的時間拿來照顧孩子之間，並不能畫上等號，孩子從媽媽那裏感受到多少愛，與媽媽陪伴他的質量是相關的。試想，一個媽媽放棄了自己的一切，用所有的時間來照顧孩子，在這個過程中，這位媽媽卻並不開心，那這樣的陪伴就算不上是高質量的；另一個媽媽雖然要一邊上班，一邊照顧孩子，也許陪伴孩子的時間不夠長，可是陪伴孩子的時候，無論是媽媽還是孩子都是快快樂樂的，這才算得上的是高質量的陪伴。

所以，雖然照顧陪伴孩子很重要，但是媽媽們也同樣不能委屈了自己，要知道媽媽的幸福與快樂也是同樣重要的，只要媽媽們在照顧陪伴孩子與追求自己想要的生活之間找到一種平衡，用積極的心態去處理可能會遇到的問題，那麼一切就都不是事兒。

13 二孩家庭，有爸爸的陪伴會更幸福

在一個家庭中，有了媽媽、孩子、爸爸，這樣才是一個完整的存在，這樣孩子的身心才能得到全面健康的發展。媽媽的感情通常較為細膩，對孩子的吃穿方面關注會比較多，而爸爸會關注到媽媽所不能關注到的很多方面。孩子有媽媽的陪伴會幸福，可是，有了爸爸的陪伴，孩子的幸福才會更加完整。

兒童心理學家經過調查研究，得出結論：有爸爸陪伴的孩子，其智力水平將更高，獨立意識、動手能力也會更強。

❀ 知識面更廣

通常相比媽媽來説，爸爸的知識面更廣。以講故事為例：媽媽偏感性，往往喜歡給孩子講童話故事；爸爸偏理性，對歷史、地理、哲學、軍事等較為感興趣，給孩子講故事的時候，就不僅僅只講童話故事。爸爸會挑選多樣化的題材講給孩

子聽，比如說歷史上的着名事件與人物傳記、各地的風土人情等。孩子在聽故事的過程中，也逐漸打開了瞭解這個世界的新大門。

✿ 獨立性更強

一般情況下，爸爸作為男性更獨立、自強、果斷，同時富有冒險精神，所以對自己的孩子也是這樣要求並教育着。在生活中，我們經常會看到，媽媽帶孩子時會亦步亦趨地跟着孩子，生怕他摔倒、受傷；而爸爸往往會「放任」孩子在前面玩耍，自己在後面默默陪伴，鼓勵孩子學會自己處理問題，這樣會使得孩子慢慢懂得獨立的重要性，並學會自立自強。

✿ 動手能力更強

在教育方式上，爸爸通常會鼓勵孩子自己動腦筋思考，自己動手把事情做好，在這個過程中，孩子的動手能力就會得到發展。孩子因為自己的好奇心，常常會拆開家裏的玩具，媽媽會因為孩子的這種舉動而批評孩子，而爸爸往往會陪着孩子一起將玩具拼回去，或者進行重組，爸爸的這種行為，無形中就會影響到自己的孩子，使孩子變得越來越喜歡自己動手解決問題。

✿ 性格更堅強

在性格的養成上，爸爸和媽媽對孩子的影響也是有區別的。媽媽往往會使孩子擁有細膩、豐富的情感，而爸爸則會使孩子養成堅毅、沉着、理性的性格，讓孩子擁有強大的內心。在很多家庭中，爸爸往往是威嚴和規範的象徵，這使得孩子做事前會顧忌一下自己的言行，無形中對孩子起到了約束和教育作用。

總之，無論家裏有兩個孩子還是獨生子女家庭，爸爸和媽媽的作用都不可忽視，只有做到互補、平衡，才是對孩子有益的。所以，爸爸無論再忙，也要抽出時間來陪伴自己的孩子。

作者
劉忠純　楊燦

責任編輯
Karen Yim

封面設計
Carol Fung

排版
劉葉青

出版者
萬里機構出版有限公司
香港鰂魚涌英皇道1065號東達中心1305室
電話：2564 7511
傳真：2565 5539
電郵：info@wanlibk.com
網址：http://www.wanlibk.com
　　　http://www.facebook.com/wanlibk

發行者
香港聯合書刊物流有限公司
香港新界大埔汀麗路36號
中華商務印刷大廈3字樓
電話：（852）2150 2100
傳真：（852）2407 3062
電郵：info@suplogistics.com.hk

承印者
中華商務彩色印刷有限公司
香港新界大埔汀麗路36號

出版日期
二零一九年七月第一次印刷

本中文繁體字版經原出版者電子工業出版社授權出版，並在香港、澳門地區發行。